Wilhelm Weick

Deutsches erstes Lesebuch für amerikanische Schulen

Wilhelm Weick

Deutsches erstes Lesebuch für amerikanische Schulen

ISBN/EAN: 9783743326644

Hergestellt in Europa, USA, Kanada, Australien, Japan

Cover: Foto ©Paul-Georg Meister /pixelio.de

Manufactured and distributed by brebook publishing software (www.brebook.com)

Wilhelm Weick

Deutsches erstes Lesebuch für amerikanische Schulen

ECLECTIC GERMAN FIRST READER.

Deutsches Erstes Lesebuch

Für amerikanische Schulen.

von

W. H. Weick und C. Grebner.

Van Antwerp, Bragg & Co.

Cincinnati.   New York.

Vorwort.

Das vorliegende Lesebuch ist für das zweite Schuljahr bestimmt und schließt sich genau dem zweiten Theile der Fibel an.

Der Lehrer erzähle ein jedes Lesestück seinem Inhalte nach und bespreche dasselbe sachlich und sprachlich. Hierauf veranlasse er die Kinder zur mündlichen Wiedergabe des Gehörten und lese dann das Stück mustergiltig vor. Nach diesen Vorbereitungen mag das eigentliche Lesen beginnen.

Obschon auf dieser Stufe die Erlangung der Lesefertigkeit das Hauptziel des Unterrichtes bleibt und daher dem lautrichtigen Lesen die größte Sorgfalt zu widmen ist, darf doch das inhaltsrichtige (logische) Lesen nicht aus dem Auge gelassen werden.

Durch entsprechende Fragen läßt sich ermitteln, in welchem Grade der Inhalt eines Lesestückes zum geistigen Eigentum der Kinder geworden ist. Die mündliche Wiedergabe des Ganzen und das Niederschreiben von Teilen (Sätzen oder Abschnitten) bilden vorbereitende Übungen für den Aufsatz.

Um das Verständnis der Lesestücke zu erleichtern, sind jeder Lektion Vokabeln beigegeben, in denen der Schüler für die neu auftretenden deutschen Wörter die entsprechenden englischen Ausdrücke findet.

An den beigefügten Sprach- und Übersetzungsstücken sollen die Kinder die elementarsten, grammatikalischen Gesetze durch Übung erlernen. Sowohl bei den Sprach-, als auch bei den Übersetzungsstücken ist derselbe Gang eingehalten und das gleiche Material verwandt worden. Aus der Beschaffenheit und der Anordnung dieser Übungen wird sich unschwer erkennen lassen, daß dieselben einem thatsächlichen Bedürfnis entsprechen und in erster Linie die Entwickelung und Stärkung des Sprachgefühls zum Zwecke haben.

COPYRIGHT, 1886, BY VAN ANTWERP, BRAGG & CO.

Inhalt.

		Seite.
1.	Ans Werk	7
2.	Der Herbst	8
3.	Kind und Kuckuck	8
4.	Der Reiter	10
5.	Das Vogelnest	10
6.	Kuh und Kalb	12
7.	Karls Hase	12
8.	Reinlichkeit	13
9.	Vom ungestümen Hänschen	14
10.	Das kluge Hähnchen	15
11.	Mein Pferd	15
12.	Die Zunge	16
13.	Maus und Katze	17
14.	Der Apfeldieb	18
15.	Der kleine Richter	19
16.	Ein Brief.—Antwort	20
17.	Kind und Blümchen	22
18.	Der kleine Gärtner	22
19.	Häschen	24
20.	Rätsel	25
21.	Der gute Knabe	26
22.	Adolph und der Hund	27
23.	Der erste Schnee	27
24.	Das Bäumchen	29
25.	Der Hund und die Hasen	29
26.	Knabe und Hündchen	30
27.	Der große Apfel	31
28.	Vom Spinnlein und Mücklein	32
29.	Die Puppe	33

30. Was die Tiere thun
31. Kindesliebe
32. Das Büblein auf dem Eis
33. Die Nacht
34. Gute Nacht!
35. Das Schaf
36. Gute Rechnung
37. Die Brüder
38. Die Blumen
39. Vom listigen Vögelein
40. Im Winter
41. Die Schule
42. Ein Brief.—Antwort
43. Das Fünkchen
44. Das Fünkchen. (Schluß)
45. Das Brot im Wege
46. Die Waise
47. Die Biene und die Taube
48. Neujahrswunsch
49. Die Ziege
50. Das gute Kind
51. Das Glöcklein im Herzen
52. Hänschen in der Irre
53. Der Star
54. Winters Abschied
55. Die Henne
56. Rätsel
57. März
58. Frühlings Ankunft
59. Was das Kind hört
60. Die Tanne
61. Das Schifflein
62. Der April
63. Der Kletterer
64. Die Aussaat
65. Auf dem Lande
66. Auf dem Lande. (Fortsetzung)
67. Fischlein und Schnecklein
68. Das erste Lied
69. Lerne was, so kannst du was

Inhalt.

		Seite.
70.	Der Mai	66
71.	Der Hufnagel	67
72.	Mailied	68
73.	Die Mühle	69
74.	Das Pferd und der Esel	70
75.	Gefunden	71
76.	Der Sommer	72
77.	Die guten Kinder	73
78.	Mein Mütterlein	74
79.	Die zornige Else	74
80.	Bächlein und Knäblein	75
81.	Der Fuchs und die Enten	76
82.	Sei reinlich	77
83.	Die drei Krähen	78
84.	Der Wolf an der Thüre	79
85.	Die Haustiere	81
86.	Kind und Schmetterling	83
87.	Der Weihnachtsbaum	84

Sprachübungen.

1.	Dingwörter oder Hauptwörter	85
2.	Das Geschlecht der Dingwörter	86
3.	Das unbestimmte Geschlechtswort	87
4.	Hinweisende Fürwörter	88
5.	Besitzanzeigende Fürwörter	90
6.	Wie die Dinge sind	90
7.	Was die Dinge thun	92
8.	Was die Dinge sind	93
9.	Die Mehrzahl der Dingwörter	94
10.	Die Mehrzahl der Dingwörter	95
11.	Mehrzahl	96
12.	Mehrzahl—Wiederholung	97
13.	Stellung des Eigenschaftswortes	99
14.	Das Fürwort	100
15.	Verschiedenes	101

Translations.

1.	Nouns	103
2.	Gender of Nouns	103

		Seite.
3.	The Indefinite Article	104
4.	Demonstrative Pronouns	104
5.	Possessive Pronouns	105
6.	Things described	105
7.	What things do	106
8.	What things are.—The Apple	106
9.	Plural of Nouns	107
10.	Plural of Nouns	108
11.	Plural of Nouns	108
12.	Plural of Nouns	108
13.	Position of Adjectives	109
14.	Pronouns	110
15.	Pieces for Translation	110

Erstes Lesebuch.

1. Ans Werk!

Frisch ans Werk und säume nicht!
Arbeit ist die erste Pflicht.
Fange du nur mutig an,
Frisch gewagt ist halb gethan.

Ans Werk, to work; frisch, lively; säume, tarry; Arbeit, labor; erste, first; fange an, begin; mutig, bravely; gewagt, begun; halb, half; gethan, done; Pflicht, duty.

2. Der Herbst.

Im Herbst werden die Blumen im Garten welk. Die Blätter der Bäume sind gelb, rot, und braun. Das Getreide ist schon nach Hause gebracht. Das Obst und die Trauben sind reif und werden gepflückt.

Jetzt fliegen viele Vögel von uns fort in wärmere Länder. Die Tage werden kürzer. Oft ist es schon recht kühl.

Aber der Herbst ist doch eine schöne Zeit. Die Kinder spielen mit Ball und Schusser. Manchmal gehen die Knaben in den Wald und holen Nüsse.

Im Herbst fängt auch die Schule wieder an.

Herbst, autumn; werden welk, fade; Getreide, grain; Obst, fruit; Trauben, grapes; gepflückt, gathered, picked; fort, away; Länder, countries; manchmal, sometimes; Schusser, marble.

---

3. Kind und Kuckuck.

„Mag heute nicht in die Schule hinein,
Kann hier draußen viel lustiger sein;
Muß da sitzen still und stumm,
Hier spring' ich munter im Grase herum!"
So spricht das drollige Büblein dort,
Will eben die Bücher werfen fort.
Da ruft der Kuckuck vom Baume ihm zu:
„Thu' das nicht, mein lieber Junge du!
Ich wollt' einst auch nicht fleißig sein,

Erstes Lesebuch.

9

Jetzt muß ich immer dasselbe schrei'n.
Geh' gern in die Schule, dann wirst du klug,
Kannst nachher spielen und springen genug!"

Mag, may, like to; in, hinein, into; draußen, outside; viel, much; lustiger, merrier; sitzen, sit; still, silent; munter, gladly; herum, about; schrei'n, cry; nachher, afterwards; spricht, speaks; drollige, droll, funny; dort, there; will, wants to; eben, just; werfen fort, throw away; thu', do; einst, formerly; dasselbe, the same; klug, wise; genug, enough.

4. Der Reiter.

Eines Tages kam Otto aus der Schule nach Haus und ging in den Hof, um zu spielen. Aber Paula und Leo waren noch nicht da, und für sich allein wußte er gar nichts. „Halt," dachte er jetzt, „ich kann ja reiten; der Bruno soll mein Pferd sein. Komm, Bruno!" Der gute, alte Hund kam willig herbei. Otto setzte sich auf seinen Rücken, und hielt sich an den langen Ohren fest. „Hopp, Bruno, hopp!" Das Tier lief im Hofe herum; Otto jubelte. Bald ging es ihm zu langsam. Er zog und zerrte Brunos Ohren, daß ihm der Kopf hin und her fuhr. Auf einmal aber warf der Hund den Kopf zurück, machte einen Satz zur Seite und—plumps, da lag Otto, der Reiter, und zappelte und schrie.

Hof, yard; willig, willingly; zerrte, hauled; zurück, back; Rücken, back; jubelte, shouted; zog, pulled; fuhr, went; warf, threw; Satz, leap; hin und her, to and fro; zappelte, sprawled; Reiter, rider.

5. Das Vogelnest.

„Knabe, ich bitt' dich so gut ich kann:
O rühre mein kleines Nest nicht an!
Sieh auch nicht mit deinen Blicken hin,
Es liegen ja meine Kinder drin.

Die werden erschrecken und ängstlich schrei'n,
Wenn du schaust mit den großen Augen hinein."
Wohl sähe der Knabe das Nestchen gern,
Doch stand er behutsam still von fern.
Da kam der arme Vogel zur Ruh',
Flog hin und deckte die Kleinen zu.
Und sah so freundlich den Knaben an:
„Hab' Dank, daß du ihnen kein Leid gethan."

Blicken, looks; liegen, lie; erschrecken, be frightened; ängstlich, frightened; behutsam, cautiously; deckte zu, covered.

6. Kuh und Kalb.

Kuh, die frische Milch uns gibt, bist ja heute so sehr betrübt. Sprangst auf der Wiese doch gestern so froh mit dem Kälbchen noch. Heute rufst du kläglich: Muh, Muh! Sag, was fehlt dir, liebe Kuh?

Ach, der Fleischer ist früh gekommen, hat mir mein buntes Kalb genommen, hetzte die bösen Hunde ihm nach, gab ihm gar manchen harten Schlag. Kind darf froh bei den Eltern sein, Fleischer tötet das Kälbchen mein.

Betrübt, sad; Wiese, meadow; rufst, cry; kläglich, pitiful; Schlag, blow; fehlt, ails; Fleischer, butcher; buntes, spotted; hetzte, set; tötet, kills.

---

7. Karls Hase.

„Papa, darf ich ein wenig deinen Stock nehmen?"
„Ja, Karl, aber was willst du damit machen?"

Erstes Lesebuch.

„Einen Hasen will ich schießen, Papa."

„Dann mußt du ja auf das Feld gehen."

„O nein, dein Stock ist meine Flinte und unsere alte Katze ist der Hase."

Der Vater gab seinem Sohne den Stock. Dieser legte ihn an die rechte Wange, zielte und rief: „Piff, paff! piff, paff!" Ei, wie die Katze von dem Stuhle unter den Tisch sprang!

Karl aber lachte und rief: „Hast du nun meinen Hasen laufen sehen, Papa?"

Hase, hare; darf, may; Stock, cane; schießen, shoot; Feld, field; Flinte, gun; legte, laid; Wange, cheek; zielte, took aim; sehen, seen.

---

8. Reinlichkeit.

„Paul, steh' auf," rief die Mutter, „es ist Zeit!" Sogleich stand Paul auf und wusch und kämmte sich. Jetzt schlug es sieben Uhr. „Ei," sagte er, „da kann ich ja meine Jacke und Mütze noch bürsten und meine Stiefel putzen." Nach dem Frühstück nahm Paul noch einmal sein Buch zur Hand. Um halb neun machte er sich auf nach der Schule.

Hurra! wie geht es auf der Straße durch Dick und Dünn! Paul läuft und hüpft und springt auch, wie die anderen Knaben; aber er weicht dem Kote aus. Seinen Ranzen legt er nie auf den Boden, um mit Steinen zu werfen, oder um sich zu schlagen. Darum kommt er auch sauber und nett in die Schule. Auch seine Hefte und Bücher sind rein. Der Lehrer ist mit ihm zufrieden.

Reinlichkeit erhält den Leib,
Zieret Kinder, Mann und Weib.

Reinlichkeit, cleanliness; steh' auf, get up; sogleich, immediately; wusch, washed; kämmte, combed; Jacke, jacket; bürsten, brush; putzen, clean; Stiefel, boots; Frühstück, breakfast; zufrieden, satisfied; noch einmal, once more; machte sich auf, started; durch Dick und Dünn, helter-skelter; weicht aus, goes out of the way; Kot, mud; Ranzen, school-bag; sich schlagen, fight; sauber, clean; nett, neat; Hefte, writing-books; erhält, preserves; zieret, adorns; Leib, body.

---

9. Vom ungestümen Hänschen.

Hänschen jagte einmal im Garten einem Schmetterlinge nach. Der konnte aber gut fliegen und war sehr flink. Hänschen konnte ihn darum nicht fangen. Da wurde der Knabe böse und rief: „Ich fange dich doch!" Jetzt saß der Schmetterling auf einer Blume. Hänschen dachte, er könne ihn leicht mit seiner Mütze haschen. Er rannte blindlings fort und dachte nicht an den Graben. Da fiel er bis an den Leib ins Wasser hinein. Der Schmetterling blieb ruhig auf der Blume sitzen. Hänschen aber mußte naß nach Hause gehen.

Erstes Lesebuch.

vom, about the; haschen, catch; ungestümen, violent; jagte, chased; flink, quick; leicht, easily; rannte, ran; dachte, thought; Graben, ditch; wurde, grew.

---

10. Das kluge Hähnchen.

Eine Henne ging mit ihren Küchlein auf dem Hofe umher. Wenn sie ein Körnlein fand, so rief sie die Kleinen. Diese kamen und fraßen es. Ein Hähnchen dachte: Ich bin schon groß und klug; ich kann selbst mein Futter suchen. Es lief von der Mutter fort in den Garten. Die Mutter rief und warnte umsonst. Bald kam der Fuchs und faßte das Hähnchen. Jetzt schrie es laut um Hülfe. Die Mutter war aber fern und konnte nicht helfen. Der Fuchs fraß das vorwitzige Hähnchen auf.

Henne, hen; Küchlein, little chickens; Körnlein, little grain; fand, found; Kleinen, little ones; Hähnchen, cockerel, a young cock; selbst, myself; warnte, cautioned; umsonst, in vain; Hülfe, help; fern, far; vorwitzige, forward, saucy.

---

11. Mein Pferd.

Rasch, rasch, liebes Pferdchen, ich habe frisches Heu für dich! Jetzt hat es meinen Ruf gehört und kommt näher. Sieh nur, wie stolz es den schönen Kopf trägt und seine lange Mähne schüttelt! Ist sein Haar nicht glatt und glänzend? Seine Beine sind schlank und doch stark. Mein Pferd kann einen

Wagen ziehen und einen Reiter tragen. Am liebsten frißt es Hafer, Heu und Klee.

Komm doch zu mir, Pferdchen! So, nun legt es den Kopf an meine Wange und frißt mir aus der Hand.

Wenn du immer gut gegen dein Pferd bist, so wird es so sanft wie ein Lamm.

Frisches, fresh; Ruf, call; gehört, heard; stolz, proud; schüttelt, shakes; schlank, slender; tragen, carry; legt, puts; Wange, cheek; sanft, gentle; glänzend, shining.

---

12. Die Zunge.

Die Zunge ist ein kleines Glied,
 Doch hat sie grosse Macht;
Hat manchen shon um Glück und Fried',
 Um Ehr' und Freund' gebracht.

Drum merke stets auf jedes Wort,
 Das deine Zunge spricht;
Beachte sorgsam Zeit und Ort:
 Auch Schweigen ist oft Pflicht.

Zunge, tongue; Glied, organ; Macht, power; Glück, happiness; Fried', peace; Ehr', honor; um gebracht, caused to lose; drum, therefore; merke auf, be careful of; stets, always; beachte, heed; sorgsam, carefully; Schweigen, silence.

13. Maus und Katze.

Ein Mäuschen saß im Keller
 Und fraß vom Fleisch im Teller
  Ein kleines Stückchen bloß.

Das sah die alte Katze
Und sprang mit einem Satze
Aufs arme Mäuschen los.
Sie faßt' es mit der Tatze,
Die garst'ge alte Katze;
O, welche große Not!
Das Mäuschen bat mit Flehen:
„Ach Kätzchen laß mich gehen!"
Doch biß die Katz' es tot.

Fraß, ate; Stückchen, little piece; Satze, leap; mit Flehen, imploringly; auf, upon; los, at; faßt', seized; Tatze, paw; garst'ge, nasty.

---

14. Der Apfeldieb.

Fritz sah in dem Garten des Nachbars viele Äpfel unter den Bäumen liegen. Er kroch durch die Hecke und füllte seine Taschen mit Äpfeln. Da kam der Nachbar in den Garten. Fritz eilte nach der Hecke und wollte wieder hindurchkriechen. Aber seine Taschen waren zu voll. Der kleine Dieb blieb in der Hecke stecken. Der Nachbar faßte ihn. Er mußte die Äpfel zurückgeben und wurde bestraft.

Wer frembes Gut gern rühret an,
Der Strafe nicht entkommen kann.

Nachbar, neighbor; Äpfel, apples; kroch, crept; Hecke, hedge; stecken, sticking; zurückgeben, give back; Gut, property; entkommen, escape; füllte, filled; Strafe, punishment.

15. Der kleine Richter.

Zwei Knaben zankten sich und stritten
 Einst wegen einer welschen Nuß.
Da sprachen sie zu einem dritten:
 „Sag du uns, wer sie haben muß!"

Was that der Knabe? Die Nuß zerbrach er,
 Reicht' jedem eine Schale hin.
„Der Kern, der ist für mich," so sprach er,
 „Weil ich hier euer Richter bin!"

Richter, judge; stritten, quarreled; welschen Nuß, walnut; Schale, shell; wegen, about; britten, third.

---

16. Ein Brief.

Clifton, den 1. Dezember 1885.

Lieber Franz!

Gestern war ich neun Jahre alt. Ich bekam einen sehr schönen Schlitten. Komm morgen zu mir. Da der Schnee fest ist, wollen wir den Hügel hinabfahren. Karl Krüger wird auch mit uns gehen.

Dein Freund
Heinrich Meister.

Antwort.

Auburn, den 1. Dezember 1885.
Lieber Freund!

Ich danke dir für Deine Güte. Morgen um ein Uhr werde ich bei Dir sein. Mein Vetter Leopold ist bei uns und kommt auch mit. Du wirst ihn gern haben. Er ist ein guter, fröhlicher Junge.

Dein treuer Freund
Franz Lieber.

Schlitten, sled; ein Uhr, one o'clock; gerne haben, like; Güte, goodness; mit, along; fröhlicher, merry.

17. Kind und Blümchen.

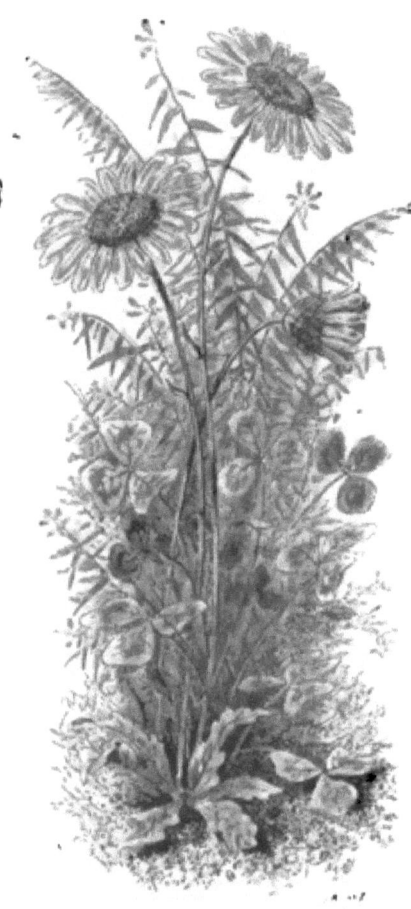

Kindchen sieht das Blüm=
 chen steh'n,
Möcht' es gerne pflücken;
Blümchen ist so wunder=
 schön;
Schon will's Kind sich
 bücken.

Doch da denkt es gleich
 bei sich:
„Rosen, Tulpen, Nelken
Müssen schnell und sicher=
 lich,
Pflückt man sie, verwel=
 ken."

Und es läßt das Blümchen
 steh'n,
Thut ihm nichts zu Leide;
Konnt' es lange Zeit nun
 seh'n,
Täglich macht's ihm
 Freude.

Pflücken, pluck; wunderschön, wonderfully fair; Tulpen, tulips; Nelken, pinks; sicherlich, surely; verwelken, wither; täglich, daily.

---

18. Der kleine Gärtner.

Karl hatte ein eigenes Beet im Garten. Er grub es mit dem Spaten um und machte mit dem Rechen

die Erde fein. Im Frühling legte er Erbsen und Bohnen in Reihen in das Beet und deckte sie mit Erde zu. Am Rande säete er Blumen.

Bald kamen die zarten Pflänzchen heraus. Da bat Karl die Mutter um eine kleine Gießkanne.

„Ich fürchte, du würdest zu viel Wasser an die

Pflanzen thun, das wäre ihnen schädlich," sagte die Mutter. "Ich will sie begießen, bis sie groß und stark sind, dann kannst du es thun."
Karl war es zufrieden. Das Gemüse und die Blumen wuchsen prächtig. Das machte ihm viel Freude; denn er hatte ja selbst die meiste Arbeit gethan. Im Sommer, als er Erbsen und Bohnen pflücken konnte, kochte Schwester Maria sie und brachte das Gemüse auf den Mittagstisch. Da war Karl ganz stolz. Dann aber ging er in den Garten, pflückte die schönsten seiner Blumen und gab sie der lieben Schwester.

Gärtner, gardener; Spaten, spade; Rechen, rake; bekommen, received; Beet, bed; Erbsen, peas; Bohnen, beans; Reihen, rows; Rande, edge, border; säete, sowed; Gießkanne, sprinkling-can; Gemüse, vegetables; schädlich, injurious; prächtig, splendid; Freude, pleasure; selbst, himself; pflücken, pick; kochte, cooked; Mittagstisch, dinner-table; gab, gave; stolz, proud.

---

19. Häschen.

Häschen saß im grünen Gras,
Häschen dachte: "Was ist das?
Kommt dort nicht der Jäger her,
Bringt mit sich ein groß Gewehr?"
Husch, mein Häschen, husch
In den dichten Busch!

Erstes Lesebuch.

Jäger zieht den Hahn schon auf—
Liebes Häschen, lauf doch, lauf!
Ach, jetzt legt er an und knallt,
Daß es durch die Büsche schallt.
Schau, wie Häschen laufen kann,
Hat doch keine Stiefel an.

Saß, sat; Jäger, hunter; Gewehr, gun; knallt, cracks; dichten, thick, dense; zieht, draws; Hahn, trigger, cock; schallt, sounds; doch, yet.

20. Rätsel.

1.

Im Sommer bin ich grün,
  Im Herbste bunt und fahl.
Im Winter bin ich weiß,
  Doch meistens nackt und kahl.

2.

Es wächst im Garten,
  Hat grüne Röhrlein,
Hat viele Häute,
  Beißt alle Leute.

3.

Hundert kleine Kügelchen
  Hängen im Sonnenscheine.
Jedes ist ein Krügelchen
  Voll von süßem Weine.
Und nun rat', mein Klügelchen,
  Was ich da wohl meine?

Fahl, fallow; nackt, naked; kahl, bare; Röhrlein, little pipes; Häute, skins; Kügelchen, little balls; Krügelchen, little jug; Klügelchen, smarty; meine, mean.

21. Der gute Knabe.

Die Knaben spielten Ball auf der Wiese. Emil wäre auch gerne dabei gewesen. Er sprach zu Robert: „Bitte, gib mir deinen Ball ein wenig." Robert aber sagte: „Wenn du einen Ball willst, so kaufe dir einen!" Dann sprang er lachend davon. Emil ging traurig auf die Seite, setzte sich ins Gras und weinte. Da kam der kleine Franz leise herbei, legte ihm die Hand auf die Schulter und sagte: „Weine nicht, Emil, ich habe zwei Bälle zu Haus; ich will dir einen geben."

Emil ging mit Franz, und dieser schenkte ihm

Erstes Lesebuch.

einen Ball. Welchen Knaben habt ihr lieber, Robert oder den kleinen Franz?

Bitte, please; lachend, laughing; Seite, side; leise, softly; Schulter, shoulder; schenkte ihm, made him a present; habt lieber, like better.

---

22. Adolf und der Hund.

Der kleine Adolf neckte gern die Hunde. Er schlug sie und warf mit Steinen darnach. Einst kam er eine Treppe herunter, auf welcher ein Hund lag. Adolf konnte auf die Seite gehen, aber er wollte nicht. Er ging auf den Hund los, stieß ihn mit dem Fuß und rief: „Willst du mir wohl aus dem Wege gehen!" Das nahm der Hund sehr übel, schnappte und biß ihn ins Bein. Da lief Adolf, was er nur konnte; der Hund sprang ihm nach. Jetzt kam der Herr des Hundes und rief ihn zurück. Adolf aber neckte nie mehr einen Hund.

Neckte gern, liked to tease; Treppe, stairs; auf los, up to; stieß, kicked; nahm übel, took in bad part; schnappte, snapped; Herr, master; rief ihn zurück, called him back.

---

23. Der erste Schnee.

Ei, ei! Wer hätte das gedacht,
Daß in der einz'gen kurzen Nacht
Sich uns're gute, liebe Erde
So ganz und gar verändern werde.

Noch gestern sah sie kohlschwarz aus,
Und heut schon putzt sie sich heraus;
Sie hat ein schneeweiß' Kleidchen an,
Und tausend Sternlein glitzern dran.

Das hält sie warm, und ganz getrost
Erwartet sie des Winters Frost;
Der kann nun noch so grimmig sein,
Er bringt ihr nicht ins Herz hinein.

Und unterm Schnee, da liegt so warm,
Wie's Kindlein in der Mutter Arm,
Das Saatkorn dort und wartet still,
Ob's wieder Frühling werden will.

Einz'gen, one; ganz und gar, altogether; verändern, change; kohlschwarz, black as coal; putzt heraus, dresses up; tausend, thousand; Sternlein, little stars; Saatkorn, seed; glitzern, glitter; getrost, cheerful; erwartet, awaits; Frost, frost; noch so, ever so; grimmig, grim; bringt, penetrates; wieder, again.

24. Das Bäumchen.

Jung Bäumchen war geklammert an einen Pfahl;
Darüber hat es gejammert manches Mal.
Der Gärtner hat das Junge gebunden los;
Da kam der Sturm im Sprunge mit Schritten gross.
Ein jedes Blättchen pflückt er, und ach, das Bäumchen knickt er;
Nun ist der Jammer erst recht gross.

Geklammert, clasped; Pfahl, pole; gejammert, lamented; manches Mal, many a time; Gärtner, gardener; gebunden los, untied; Sturm, storm; Sprunge, jump; Blättchen, little leaf; knickt, cracks, breaks; Jammer, misery; erst recht, only the more.

25. Der Hund und die Hasen.

Ein Jagdhund lief hinter einem jungen Hasen her. Er wollte ihn gerne fangen. Auf einmal sprang ein großer Hase auf. Jetzt ließ der Hund den kleinen laufen und setzte dem großen nach. „Den kleinen kann ich immer noch fangen," dachte er. Aber der große Hase konnte sehr schnell laufen. Der Hund war schon müde. In kurzer Zeit war der Hase verschwunden. Jetzt sah sich der Hund nach dem kleinen um. Der war auch fortgelaufen, und der Hund mußte leer abziehen.

Wer zu viel haben will, der bekommt gar nichts.

Jagdhund, hound; auf einmal, suddenly; setzte nach, pursued; verschwunden, disappeared; abziehen, depart; leer, without anything; gar nichts, nothing at all.

---

26. Knabe und Hündchen.

Komm nun, mein Hündchen, zu deinem Herrn, schön gerade sitzen lern'!

Ach, ich soll schon lernen und bin so klein; o, laß es doch noch ein Weilchen sein!

Nein, Hündchen, es geht am besten früh; später macht es dir große Müh'.

Das Hündchen lernte; bald war's geschehen, da konnt' es schon sitzen und aufrecht gehen, ins tiefe Wasser springen und Sachen wieder

Erstes Lesebuch.

bringen. Der Knabe sah seine Lust daran, lernt' auch, und wurde ein kluger Mann.

Herr, master; Weilchen, little while; früh, early; später, later; Sachen, things; Müh', trouble; geschehen, done; bald, soon; aufrecht, upright; Lust, pleasure.

---

27. Der große Apfel.

Fritz wollte seiner Mutter nie folgen und wurde deshalb oft gestraft. Eines Tages spielte er im Garten. Da rief die Mutter: „Fritz, komm' herein! Hier gibt es etwas zu thun; du kannst es besser, als deine Schwester Ida."

Fritz hatte alles gehört, aber er kam nicht, sondern sagte leise: „Es wird wohl nicht so eilig sein; Ida mag sehen, wie sie allein fertig wird." Und so spielte Fritz weiter. Die Mutter rief ihn nicht zum zweiten Male. Was sollte er denn thun? Die Mutter hatte Ida einen großen Apfel gegeben, den sollte sie mit Fritz teilen. Da aber Fritz nicht kam, so sagte die Mutter zu Ida, sie möge ihn allein essen. Als nun Fritz später ins Haus kam, hörte er, was er hätte thun sollen. Jetzt that es ihm leid, daß er nicht gefolgt hatte. Von dem Apfel war nichts übrig als der Griebs.

Folgen, obey; befahl, ordered; fertig werden, finish; teilen, divide; allein, alone; that ihm leid, he was sorry; Griebs, core.

28. Vom Spinnlein und Mücklein.

Die Spinne hat gesponnen
   Den Silberfaden zart und fein.
Du, Mücklein in der Sonnen,
   Nimm wohl in acht die Flügelein.

Die Spinne hat gewebet
   Ihr seidenes Netz mit kluger Hand.
Wer weiß, wie lang noch lebet
   Fein Mücklein, das die Flügel spannt.

Fein Mücklein horcht, wie denkt es?
   Durchs Netz zu fliegen sei ein Spiel.
Frau Spinne aber fängt es
   Und frißt es auf mit Stumpf und Stiel.

Spinne, spider; gesponnen, spun; Silberfaden, silver-thread; gewebet, woven; seidenes, silken; spannt, spans, stretches; mit Stumpf und Stiel, with head and hair.

Erstes Lesebuch. 33

29. Die Puppe.

„O, liebe Mama, sieh doch meine Puppe!" „Was ist mit der Puppe, Frida?" „Sie hat den Arm zerbrochen. Karl hat es gethan." „Dann müssen wir sie zum Doktor bringen. Der soll sie wieder gesund machen."—Der Vater nahm Leim und klebte der Puppe den Arm wieder an. Frida war sehr froh, und Karl sagte zu ihr: „Ich will dir deine Puppe nicht wieder zerbrechen."—Wer war der Doktor? Wie hat er die Puppe geheilt?

Leim, glue; klebte, fastened; geheilt, cured.

30. Was die Tiere thun.

Die Enten schnattern, die Fledermäuse flattern;
Die Hähne krähen, die Schaf' und Lämmer bäen;
Die Tauben fliegen, es stoßen alle Ziegen;
Die Spinnen weben, die Schmetterlinge schweben;
Die Kätzchen mausen, die Spätzchen naschen und schmausen;
Die Fischlein schwimmen, Eichhörnchen klimmen;
Die Kälblein springen, die Vöglein alle singen;
Jedes Tierchen kann etwas: nützt es nicht, so macht es Spaß.

Fledermäuse, bats; krähen, crow; Lämmer, lambs; bäen, bleat; weben, weave; etwas, something; schweben, hover; mausen, mouse; naschen, nibble; schmausen, feast; klimmen, climb; macht Spaß, pleases.

31. Kindesliebe.

Kindlein, o sprich, warum liebst du dein Mütterlein so inniglich? Und das Kindlein spricht:

Erstes Lesebuch.

„Das weißt du nicht? Weil es mich hegt und pflegt und auf den Armen trägt; weil es wacht, wenn ich bin krank; gibt mir Speis' und Trank; gibt mir Kleider und Schuh' und viele Küsse dazu; und ist mir so gut, wie's kein and'rer thut. Drum lieb' ich's so sehr, kann gar nicht sagen, wie sehr!"

Kindesliebe, a child's love; inniglich, fondly; hegt, cherishes; pflegt, fosters; wacht, wakes; krank, sick; Speis' food; Trank, drink; Küsse, kisses; sehr, very much.

---

32. Das Büblein auf dem Eis.

Der Fluß war zugefroren, aber das Eis war noch nicht dick genug. Unser Büblein konnte nicht warten, bis das Eis fest war. Es zog seine Stiefel an und ging auf das Eis. Als es sah, daß das Eis nicht brach, ging es weiter. Jetzt stampfte es darauf. Aber, o weh! Das Eis brach, und das Büblein fiel in das kalte Wasser. Der Müller hatte es gesehen. Er kam und zog es bei den Haaren heraus, sonst würde unser Büblein ertrunken sein.

Dick, thick; genug, enough; Stiefel, boots; stampfte, stamped; o weh, alas; Müller, miller; zog heraus, pulled out; würde ertrunken sein, would have been drowned.

---

33. Die Nacht.

Die Sonne ist untergegangen. Es ist dunkel. Alles ist still. Die Sterne funkeln am Himmel.

Jetzt kommt der Mond herauf. Alles liegt im süßen Schlummer. Die Nacht ist die Zeit der Ruhe. Der Schlaf stärkt die müden Glieder und den Geist.

Untergegangen, gone down, set; dunkel, dark; funkeln, glitter; Schlummer, slumber; Geist, mind; Schlaf, sleep; stärkt, strengthens.

34. Gute Nacht!

Schon glänzt der goldne Abendstern;
Gut' Nacht, ihr Lieben, nah und fern,
Schlaft ein in Gottes Frieden!
Die Blume schließt die Äuglein zu,
Der kleine Vogel geht zur Ruh,
Bald schlummern alle Müden.

Schon, already; glänzt, sparkles; Abendstern, evening star; Frieden, peace; schließt zu, closes; Lieben, dear ones.

35. Das Schaf.

„Papa, wozu sind die Schafe da? Sie geben keine Milch, wie die Kuh, und sie ziehen auch den Pflug und den Wagen nicht, wie der Ochse und das Pferd."

„Wovon sind deine Hosen gemacht, Anton, und deine warme Jacke?" „Aus Tuch!"

„Nun, das Tuch wird aus Wolle gemacht; und die Wolle siehst du dort auf dem Rücken des Schafes. Weißt du was man braucht, um Seife und Lichte zu machen?"

„Nein, Papa!"

Erstes Lesebuch. 37

„Dazu muß man das Fett vom Schafe haben. Die Saiten auf der Geige des alten Mannes, der oft vor unserem Hause spielt, kommen auch vom Schafe. Sie werden aus seinen Därmen gemacht. Wir essen auch das Fleisch der Schafe."
Wie heißt das Junge des Schafes?

Pflug, plow; ziehen, draw; Tuch, cloth; Geige, violin; Därme, intestines; Rücken, back; Seife, soap; Lichte, candles; Fett, grease; Saiten, strings.

36. Gute Rechnung.

„Guten Abend! Da seht einmal, was ich euch aus dem Garten bringe: Pflaumen, gelb wie Gold und wie Eier, so groß! Aber ich habe nur vier, und ich möchte doch sehen, ob ihr euch drein teilen könnt."
So sprach der gute Onkel und nickte freundlich

durchs offene Fenster in die Stube hinein. Da aber waren vier Kinder, zwei Knaben und zwei Mädchen, und die Mutter. Das gab freilich eine schlimme Rechnung, wie die fünf vier Pflaumen unter sich teilen sollten. Alle besannen sich; die Mutter und der Onkel schauten sich an und lächelten. Zuletzt rief die kleine Sophie: „Halt, das machen wir so: wir teilen drei und drei. Zwei Brüder und eine Pflaume macht drei; zwei Schwestern und eine Pflaume macht wieder drei, und zwei Pflaumen und eine Mutter macht auch drei. Da geht alles gerade auf."

Das war gut gerechnet; und als dann die Kinder darnach teilten, da war der Onkel noch einmal so freundlich, und die Mutter freute sich auch — ob über die zwei Pflaumen, oder über die vier Kinder? — das sollt ihr selbst sagen.

Rechnung, counting; einmal, once; Pflaumen, plums; nickte, nodded; freilich, certainly; besannen sich, considered; lächelten, smiled; zuletzt, at last; halt, stop; geht gerade auf, comes out even; schlimm, hard.

---

37. Die Brüder.

Einst fiel ein Knäblein in den Bach,
Weil unter ihm das Steglein brach.
Seinält'ster Bruder rief und schrie
Und sank vor Schrecken auf die Knie.

Der andre eilte fort nach Haus
Und rief die Mutter gleich heraus.
Der jüngste sprang dem Bruder nach
Und zog ihn mutig aus dem Bach.
Nun denket nach und sagt mir an,
Wer wohl am besten hat gethan!

Brüder, brothers; Steglein, little bridge; brach, broke; ält'ster, oldest; schrie, cried; denket nach, consider; wohl, well; sank, sank; vor Schrecken, from fright; eilte, hurried; gleich, immediately; jüngste, youngest; sprang, jumped; sagt an, tell; am besten, the best.

---

38. Die Blumen.

Wo sind all die Blumen hin?
Schlafen in der Erde drin,
Weich vom Schnee ganz zugedeckt.
Still nur, dass sie niemand weckt!
Uebers Jahr mit Sonnenschein
Tritt der Frühling still herein,
Nimmt die Decke weg ganz sacht,
Ruft: "Ihr Kinder, nun erwacht!"
Da kommen die Köpflein schnell heraus,
Da thun sie die hellen Äuglein auf.

Weich, soft; zugedeckt, covered; weckt, awakens; übers Jahr, next year; tritt, steps; sacht, quietly; erwacht, awake; thun auf, open.

39. Vom listigen Vögelein.

Klaus ist in den Wald gegangen,
Weil er will die Vögel fangen;
Auf den Busch ist er gestiegen,
Weil er will die Vöglein kriegen.

Doch im Nestchen sitzt das alte
Vögelein just vor der Spalte,
Schaut und zwitschert: „Ei, der Daus!
Kinderlein, es kommt der Klaus!
Hu, mit einem großen Prügel,
Kinderlein, schnell auf die Flügel!"
Prr, da flattert's: husch, husch, husch,
Leer das Nest, und leer der Busch.
Und die Vöglein lachen Klaus
Mit dem großen Prügel aus,
Daß er wieder heimgegangen
Zornig, weil er nichts gefangen;
Daß er wieder heimgestiegen,
Weil er konnt' kein Vöglein kriegen.

Listig, sly; fangen, catch; gestiegen, climbed; kriegen, get; Spalte, hole; zwitschert, twitters; Prügel, club; flattert, flutters; leer, empty; zornig, angry; heimgestiegen, stalked home.

40. Im Winter.

Im Winter ist die Luft kalt. Die Tage sind kurz und die Nächte lang. Die Erde ist mit Schnee bedeckt. Bäche and Flüsse haben eine Eisdecke. Die meisten Bäume sind ganz kahl. Die Menschen ziehen wärmere Kleider an. Man hört und sieht kaum einen Vogel. Die Kinder machen draußen Schneebälle, schleifen, und fahren Schlitten. Abends sitzen sie in der Stube beim warmen Ofen und lesen und schreiben, und erzählen Geschichten. Ist der Winter nicht schön?

Kurz, short; Eisdecke, icy cover; kahl, bald; erzählen, tell; Schneebälle, snowballs; schleifen, glide, slide; fahren Schlitten, ride in sleighs; Geschichten, stories.

---

41. Die Schule.

Die Kinder spielten vergnügt im Freien. Da fing es auf einmal an zu regnen. Alle liefen in das Haus, wo die Eltern der Paula wohnten. Es waren sieben Mädchen und Paulas Bruder, der hieß Oskar. „Was sollen wir nun thun?" rief die kleine Minna, „dürfen wir wohl im Zimmer spielen, wenn wir artig sind?"

Paulas Eltern erlaubten es; und alle riefen: „Wir wollen Schule spielen, und Oskar soll der Lehrer sein." Oskar nahm ein Buch und einen Stock. Auf die Nase setzte er sich Mamas Brille. Die Mädchen schrieben und lasen und gaben auf seine Fragen Antwort. Aber vor seinem Stocke hatten sie keine Angst. Bald fingen sie an zu plaudern. Da rief der kleine Lehrer: „Die Schule ist aus!" Und die Kinder lachten und riefen: „Guten Abend, Herr Lehrer!" Denn der Regen hatte aufgehört und alle gingen nach Hause.

Vergnügt, merrily; im Freien, in the open air; wohnten, lived; der hieß, his name was; erlaubten, permitted; gaben Antwort, answered; Angst, fear; plaudern, talk; aufgehört, ceased.

42. Ein Brief.

Cincinnati, 28. Dezember 1855.

Meine liebe Freundin!

Ich will dir erzählen, was ich zu Weihnachten erhalten habe. O, die herrlichen Bücher, und die schönen Geschenke! Ich bekam ein Buch, ein Nähzeug, einen warmen Muff, einen Mantel, und eine große Puppe. Diese aber hat keine Kleider an. Mama sagt, ich müsse sie selbst ankleiden und auch die Kleidchen selbst nähen. Sie hat mir schon alles dafür geschnitten und zurechtgelegt. Morgen fange ich an zu nähen. Schreibe mir recht bald und sage mir, wie Eure Weihnachten waren. Herzlich grüßt Dich

Deine treue Freundin
Anna Schütze.

Antwort.

Madison, Ind. 30. Dez. 1885.

Liebe Anna!

Ich schreibe dir in aller Eile. Morgen

[handwritten letter in German Kurrent script]

Weihnachten, Christmas; erhalten, received; herrliche, splendid; Geschenke, presents; Nähzeug, work-box; Mantel, cloak; Puppe, doll; Kleider, clothes; ankleiden, dress; nähen, sew; geschnitten, cut; zurechtgelegt, arranged; fange an, commence; Eile, haste; reisen, go; bleiben, stay; besuche, visit.

---

43. Das Fünkchen.

Das Kind hatte mit dem Fünkchen gespielt. Da war das Fünkchen fortgeflogen und hatte sich in das Stroh versteckt. Das Stroh fing an zu brennen. Es gab eine Flamme, ehe das Kind daran dachte. Da wurde es dem Kinde sehr bange. Es lief fort und sagte nichts von der Flamme. Bald brannte das ganze Haus. Mutter und Kinder liefen voll Schrecken aus dem Hause. Der Vater kam vom Felde heimgelaufen.

Fünkchen, little spark; gespielt, played; fortgeflogen, flown away; versteckt, hidden; brennen, burn; Flamme, flame; brannte, burned; heimgelaufen, running home.

44. Das Fünkchen. (Schluß.)

Die Nachbarn kamen auch, um mit Wasser das Feuer zu löschen. Aber es war zu spät. Das Haus brannte nieder samt allem, was darin war. Jetzt hatten die Eltern des Kindes kein Haus mehr und

Erstes Lesebuch.

keine Möbel. Gute Leute nahmen sie auf und halfen
ihnen. Sie mußten lange und schwer arbeiten, um
ein neues Haus bauen zu können. Das Kind, welches
mit dem Fünkchen gespielt hatte, war schuld daran.

Löschen, extinguish; Möbel, furniture; nahmen auf, took
in; können, be able to; schuld daran, to blame for it.

---

45. Das Brot im Wege.

Im Weg das Krümchen Brot
Tritt nicht mit deinem Fuß,
Weil's in des Hungers Not
Ein Tierlein finden muß.

Leg's auf den Stein vorm Haus,
Und, kannst du, brock es klein.
Still dankt es dir die Maus,
Und still das Vögelein.

Krümchen, little crumb; brock, break up.

---

46. Die Waise.

„Sieh doch, Emma, das kleine Mädchen auf der
Straße! Es friert gewiß sehr in seinen dünnen
Kleidchen, und ist wohl recht hungrig. Soll ich an
die Thüre gehen und es fragen, was ihm fehlt, da
es so weint?" „Ja, Kurt, thue das; und wenn das
Mädchen will, soll es zu uns herein kommen. Mama

wird uns deshalb nicht zanken, wenn sie nach Hause kommt."

Kurt ging und kam bald mit dem Mädchen in die Stube zurück. Es weinte bitterlich und erzählte, Vater und Mutter seien ihm gestorben. „Wo wohnst du denn jetzt?" fragte Emma.

„Bei fremden Leuten. Sie sind gut gegen mich, aber doch nicht, wie meine lieben Eltern waren."

„Wohin wolltest du eben gehen?" fragte Kurt.

„Auf den Friedhof, wo das Grab meiner Eltern ist. O, wenn ich nur auch bei ihnen wäre!"

„So mußt du nicht reden," tröstete Emma das Mädchen. „Warte nur, bis unsere Mutter nach Hause kommt." Die drei Kinder sprachen und spielten nun mit einander. Und als die Mama kam, war das fremde Mädchen schon nicht mehr so traurig. Emma und Kurt baten die Mama, daß die Kleine wiederkommen dürfe. Die Mutter gewährte es gern.

Waise, orphan; fehlt, ails; zanken, scold; Grab, grave; gestorben, died; wohnst, live; Friedhof, grave-yard; traurig, sad; gewährte, permitted; tröstet, consoled.

---

47. Die Biene und die Taube.

Eine Biene trank am Bache und fiel darüber ins Wasser. Auf einem Baume saß eine Taube. Die warf der Biene ein Blatt zu. Die Biene setzte sich darauf und kam glücklich aus dem Wasser. Nach

einiger Zeit saß die Taube wieder auf dem Baume.
Ein Jäger stand darunter und zielte mit seinem
Gewehr auf sie. Da kam die Biene. Pick! stach
sie den Jäger in die Hand. Puff! ging der Schuß
daneben. Die Taube flog davon.
Wem dankt sie nun ihr Leben?

Trank, drank; warf zu, threw at; einiger, some; flog davon, flew away; stand, stood; zielte, aimed; stach, stung; Schuß, shot.

---

48. Neujahrswunsch.

Ich hätte dir viel zu sagen,
 O gute Mutter, heut;
Ich wüßte dir viel zu wünschen,
 Was dich und mich erfreut.

Ja, könnt' ich es nur sagen,
 Wie's um das Herz mir ist!
Du weißt es ja viel besser,
 Wie teuer du mir bist.

Und wenn du mich immer liebest
 Und ich lieb' immer dich:
Nichts Schöneres kann ich wünschen,
 Nichts Besseres für dich und mich.

Neujahrswunsch, new-years-wish; erfreut, pleases; Schöneres, more beautiful; Besseres, better.

G. I.—4.

49. Die Ziege.

Die Ziege hat lange, gekrümmte Hörner. Sie hat starke Glieder und kann auf steile Felsen und Abhänge klettern. Das Fleisch der Ziege wird gegessen; auch ihre Milch wird getrunken. Aus der Haut macht man leichtes Leder. Die Ziege ist nicht so sanft, wie das Schaf. Oft stößt sie mit ihren Hörnern. Sie frißt Gras, Klee und Heu. Aber auch Blätter, Knospen und Blumen benagt sie. Oft richtet sie im Garten viel Schaden an. Man läßt sie darum nicht hinein. Mache den Ziegenbock nicht zum Gärtner!

Abhänge, precipices; gekrümmt, crooked; benagt, nibbles; klettern, climb; Knospen, buds; richtet Schaden an, damages; Ziegenbock, buck.

50. Das gute Kind.

Anna ging zur Schule. Da traf sie einen alten Mann. Der bat sie um einen Cent und sagte, er wolle sich Brot dafür kaufen. Anna hatte aber kein Geld. Sie gab dem armen Mann die Hälfte ihres Mittagessens aus ihrem Körbchen und ging zufrieden

weiter. In der Schule sagte sie kein Wort über ihre gute That.
Der liebe Gott hatte es aber wohl gesehen.

Traf, met; bat, asked; Geld, money; That, action;
Hälfte, half; Mittageſſen, dinner; Körbchen, little basket;
liebe, good.

---

51. Das Glöcklein im Herzen.

Ich hab' ein Glöcklein in
meiner Bruſt,
Das hat gar hellen Klang.
Wenn mir was Böſes iſt be-
wußt,
So quält's mich Nacht und Tag.
Doch hab' ich etwas Gut's ge-
than,
So för ich meine Freude dran.

Glöcklein, little bell; Herz, heart; Bruſt, breast; gar, quite; Schlag, stroke; mir iſt bewußt, I am conscious of; quält, torments; meine Freude dran to my joy.

52. Hänschen in der Irre.

Es war einmal ein kleiner Mann, der dachte: „Was fang' ich heute an? Kann noch nicht in die Schule geh'n, will mir darum die Stadt beseh'n."
Und fröhlich läuft das Hänschen fort, denkt nicht an seiner Mutter Wort, die ihm gebot: „Geh nie allein von Hause fort, in die Stadt hinein!" Doch blieb die Strafe auch nicht aus; er fand den Weg nicht mehr nach Haus, und weinend irrte er umher und klagt': „Wenn ich nur bei Mutter wär'!"
Da fand ein Nachbar ihn zum Glück und brachte ihn nach Haus zurück. Das Hänschen sprach: „Nie geh' allein ich wieder in die Stadt hinein!"

In der Irre, astray; beseh'n, take a look at; gebot, bade; irrte umher, wandered about; klagte, moaned; zum Glück, fortunately.

---

53. Der Star.

Der Jäger Moritz hatte in seiner Stube einen zahmen Star. Der Vogel konnte einige Worte sprechen. Wenn Moritz rief: „Hans, wo bist du?" so schrie der Star allemal: „Da bin ich!"—Des Nachbars kleiner Karl hatte Freude an dem Vogel und ging oft hin, um ihn zu sehen. Einmal war der Jäger nicht in der Stube. Karl fing den Vogel und steckte ihn in seine Tasche. Er wollte wegschleichen. Da kam Moritz herein und rief wie gewöhnlich: „Hans, wo bist du?" Und der Vogel in der Tasche des Knaben schrie aus Leibeskräften: „Da bin ich!" Karl durfte nicht wieder zum Jäger kommen.

Allemal, every time; wegschleichen, sneak off; aus Leibeskräften, with all his might; steckte, stuck, put; wie gewöhnlich, as usual; durfte nicht, was not allowed.

54. Winters Abschied.

Winter ade!
Scheiden thut weh.
Aber dein Scheiden macht,
Dass mir das Herze lacht.
Winter ade!

Winter ade!
Scheiden thut weh.
Gerne vergess' ich dein,
Kannst immer ferne sein.
Winter ade!

Winter ade!
Scheiden thut weh.
Gehst du nicht bald nach Haus,
Lacht dich der Kuckuck aus.
Winter ade!

Abschied, farewell; abe, adieu, good-by; Scheiden, parting; vergess', forget; dein, you; lacht aus, laughs at; thut weh, grieves.

55. Die Henne.

Wenn die Henne brütet, verläßt sie sehr selten ihr Nest; und dann bleibt sie gewiß in der Nähe.

Jene Katze soll nur an das Nest kommen! Sobald die Küchlein ausgekrochen sind, sorgt die Henne für sie, wie die Mutter für die Kinder. Sie scharrt im Boden und sucht Futter. Sie gluckt und ruft, wenn sie ein Körnlein gefunden hat. Sie warnt, wenn die Katze kommt oder ein Raubvogel. Sie nimmt ihre Kleinen unter die Flügel, wenn es kalt ist und wenn es regnet. Sobald aber die jungen Hühnchen ganz flügge sind und selbst ihre Nahrung suchen können, verlassen sie ihre Mutter, die gute Henne.

Brütet, broods; verläßt, leaves; sehr selten, very seldom; in der Nähe, close by; regnet, rains; ausgekrochen, crept out; gluckt, clucks; warnt, cautions; Raubvogel, bird of prey; flügge, fledged.

Erstes Lesebuch.

56. Rätsel.

1.

Es ist ein kleines, weißes Haus,
Hat nichts von Fenstern und von Thoren,
Und will der kleine Gast heraus,
So muß er erst die Wand durchbohren.

2.

Du hast mich fünfmal an der Hand,
Hängt sie an mir dein Kleid auf an der Wand.

3.

Erst weiß, wie Schnee; dann grün, wie Klee;
Dann rot, wie Blut; schmeckt allen Kindern gut.

Gast, guest.

---

57. März.

Endlich sehen wir nach vielen trüben Tagen den blauen Himmel wieder. Manchmal scheint die Sonne freundlich auf die Erde herab. Da muß sich der Winter auf den Weg machen. Der Schnee fängt an zu schmelzen, und nur des Nachts gibt es noch ein wenig Eis.

An schönen Tagen läßt sich der Rotvogel hören, und ein fleißiges Bienchen sucht nach einer Blume.

Auf dem Feld und in dem Walde sieht es aber noch recht kahl aus. Nur die Weiden und Birken haben graue und gelbe Kätzchen und an den Zweigen der Ulme sind kleine Blüten.

Die Kinder sind es müde, zu Haus zu sitzen. Sie gehen ins Freie und spielen Ball, oder lassen ihre Drachen steigen.

Endlich, at last; trüben, gloomy; blauen, blue; schmelzen, melt; sieht aus, looks; kahl, bare; Weide, willow; Birke, birch; Kätzchen, catkins; Freie, open air.

58. Frühlings Ankunft.

Der Frühling hat sich eingestellt,
    Wohlan, wer will ihn sehen?
Der muß mit mir ins freie Feld,
    Ins grüne Feld nun gehen.

Er hielt im Walde sich versteckt,
    Daß niemand mehr ihn sah;
Ein Vöglein hat ihn aufgeweckt,
    Jetzt ist er wieder da.

Jetzt ist der Frühling wieder da;
    Ihm folgt, wohin er zieht,
Nur lauter Freude fern und nah
    Und unser munt'res Lied.

Drum frisch hinaus ins freie Feld,
    Ins grüne Feld hinaus!
Der Frühling hat sich eingestellt,
    Wer bliebe da zu Haus?

Ankunft, arrival; sich eingestellt, appeared; wohlan, come on; frei, open; aufgewedt, awakened; folgt, follows; zieht, goes; nur lauter, nothing but; bliebe, would stay.

---

59. Was das Kind hört.

Ich kenne die Dinge am Klang,
Die Tiere am Schrei und Sang!
Die Henne gackert, der Frosch quackert.
Die Biene summt, die Hummel brummt.
Der Käfer surrt, die Katze schnurrt.
Das Feuer prasselt, der Wagen rasselt.
Das Kindlein lallt, der Schuß knallt.

Kenne, know; Klang, sound; Schrei, cry; Sang, song; gackert, cackles; quackert, croaks; Hummel, bumble-bee; surrt, buzzes; schnurrt, purs; prasselt, crackles; rasselt, rattles; lallt, stammers; knallt, cracks; brummt, buzzes.

---

60. Die Tanne.

Im Winter verlieren alle Bäume ihre Blätter. Nur die Tanne und die Fichte behalten ihre grünen Nadeln. Der liebste von den beiden Bäumen ist mir die Tanne; denn der Vater bringt immer eine Tanne zum Weihnachtsbaum nach Haus.

Die Tanne ist ein sehr nützlicher Baum. Hast du schon die hohen Masten der Schiffe gesehen? Das waren einmal Tannenbäume. Auch Bauholz kommt von der Tanne. Aus ihrem Stamme fließt Harz.

und aus diesem macht man Pech. Die Rinde benutzt der Gerber. Die größten Tannen unseres Landes wachsen im fernen Westen.

Verlieren, lose; Fichte, fir; behalten, kept; Harz, rosin; immer, always; Bauholz, building timber; Gerber, tanner.

61. Das Schifflein.

Ein Schiff hat Vater mir geschnitzt
    Aus leichtem Tannenholz;
Und wenn auch niemand drinnen sitzt,
    Es fährt dahin ganz stolz.

Sein Mastbaum ist ein Hölzchen nur,
  Sein Segel von Papier;
Ich zieh's an einer dünnen Schnur,
  Es folget gerne mir.
Ich steh' und spring' und sehe zu
  Und habe Freude dran;
Fahr' hin, mein Schifflein, fahre du
  Auf glatter Wasserbahn!

Geschnitzt, whittled; Hölzchen, little stick; glatter, smooth; fährt dahin, sails along; Segel, sail; Wasserbahn, water way.

62. Der April.

Der April neckt die Leute mit seinem Wetter. Bald regnet es, bald schneit es, bald ist der schönste Sonnenschein. Die Tage werden schon lang. Die Wiesen sind grün. Einige Bäume blühen, alle sind grün. Vögel singen und bauen Nester. Bienen und Ameisen sind an der Arbeit. Auch die Menschen sind wieder draußen beschäftigt. Alles wird für den Sommer vorbereitet.

Neckt, vexes; bald-bald, now-then; Ameisen, ants; beschäftigt, busy; vorbereitet, prepared.

63. Der Kletterer.

Wilhelm kletterte gerne auf Stühle und Tische. Er fiel oft herunter. Die Mutter warnte, schalt und strafte ihn. Als der Frühling kam, ging Wilhelm in das Wäldchen hinter dem Garten. Er sah ein Vogelnest auf einem Baume. „Da muß ich hinaufklettern," dachte er; „das Nest muß ich sehen." Er klettert den Baum hinan, von Ast zu Ast. Jetzt ist er bei dem Neste, und—krach! da bricht der Ast. Wilhelm fiel vom Baum und das Nest mit ihm. Er brach den Arm. Die armen Vögelchen im Neste aber waren tot.

Kletterer, climber; krach, crash; tot, dead.

---

64. Die Ausfaat.

Sink', o Körnlein, denn hinab,
Sink' ins stille, kühle Grab,
  In das Bett von Erde!
Erde streu' ich auf dich her,
Bis, mein Körnlein, ich nichts mehr
  Von dir sehen werde.

Aber, Körnlein, habe Mut!
Sieh', du liegst ja sanft und gut,
  Hast bald ausgeschlafen.
Steigst dann aus dem Grund hervor,
Blühst als Blume schön empor
  Und bist neugeschaffen.

Ausfaat, sowing; sink', sink; Körnlein, little seed; streu', strew; habe Mut, take courage; ausgeschlafen, slept enough; empor, upward; neugeschaffen, newly born.

Erstes Lesebuch. 61

65. Auf dem Lande.

Max war krank gewesen. Der Arzt hatte gesagt, er müsse fort aus der großen Stadt, hinaus aufs Land; da sei mehr frische Luft, und Max werde dort wieder stark werden.

Als nun Max auf dem Gute des Onkels ankam, da wollte es ihm gar nicht gefallen. „Hier ist es so still," sagte er; „und es gibt so wenige Kinder, mit denen ich spielen kann. Ich möchte wieder nach der Stadt!"

Das war im April. Da war oft schlechtes Wetter, und im Hause war es recht einsam.

Bald aber kam der Mai. Es wurde draußen schön und warm. Jetzt konnte Max lange im Freien sein. Da hörte er die Vögel singen und die Bienen und Käfer summen. Er sah die Kälbchen auf der Weide springen und die Lämmer und die Füllen. Die Eichhörnchen hüpften auf den Bäumen von Ast zu Ast, und hie und da lief ein Häschen über den Weg. Das setzte sich nicht weit von Max nieder und spitzte die Ohren. Dann machte es Männchen und schmatzte mit den Lippen, als wollte es sagen: „Du Stadtjunge, du kannst mich nicht fangen!"

Jetzt gefiel es dem Max schon besser.

Lande, country; Arzt, physician; Gute, farm; gefallen, like; einsam, lonesome; Eichhörnchen, squirrels; machte Männchen, capered; schmatzte, smacked.

---

66. Auf dem Lande. (Fortsetzung.)

„Komm Max," sagte der Onkel eines Tages, „steig' zu mir auf den Wagen, wir wollen ins Feld fahren und Klee holen."

Das war eine Freude für Max. Wie sprang er

Erstes Lesebuch.

zwischen den Kleehaufen umher! Und am Zaune standen die Kälbchen und die Füllen und wollten auch herüber und mitspringen.

Als der Wagen vollgeladen war, machte der Onkel einen Sitz im Klee für Max. Da saß er drinnen wie ein Vogel im Neste und jubelte laut vor Freude.

So gut hatte dem Max das Mittagessen noch nie geschmeckt wie an jenem Tage. Später ging er oft ganz allein früh morgens aus und trieb die Kühe in den Hof zum Melken.

Einmal lief er auf der Weide dem großen Hunde nach, dem Packan, und half ihm die Schafe zusammentreiben. Dafür zeigte sich der Packan aber gar nicht dankbar. Er drehte sich auf einmal um, zeigte dem Max die Zähne und knurrte. War das schön von Packan?

So kam die Zeit der Ernte heran, und Max staunte über die großen Maschinen zum Mähen und Dreschen. Und als nun der Herbst nahe war, da sollte unser Stadtjunge wieder heim und in die Schule. Das that ihm sehr leid. Aber stark und gesund war er geworden auf dem Lande beim guten Onkel.

Steig auf, get on; Klee, clover; Haufen, stack; Zaune, fence; zusammen, together; knurrte, snarled; Mähen, mowing; erstaunte, was astonished; geladen, loaded; geschmeckt, tasted; Melken, to milk; dankbar, thankful. Ernte, harvest; Maschinen, machines; that leid, grieved; Dreschen, threshing.

67. Fischlein und Schnecklein.

Der Fisch schwimmt in dem hellen Bach;
Ein Fischlein zieht dem andern nach.
Sie schwimmen fort bis in das Meer;
Ei, wenn ich doch ein Fischlein wär!

Ei, wie langsam, ei, wie langsam
Kriecht die Schneck' im Gras daher!
Potz! da wollt' ich anders laufen,
Wenn ich so ein Schnecklein wär'.

Schnecklein, little snail; zieht nach, goes after; Meer, sea; langsam, slowly; kriecht, creeps; daher, along.

---

68. Das erste Lied.

Die kleine Martha hatte in der Schule ihr erstes Liedchen gelernt. Fröhlich ging sie nach Hause und dachte: Heute werde ich mich hören lassen. „Mutter," rief sie, „ich kann schon ein Lied singen! Darf ich es singen?"—„Ja," sagte die Mutter, „du magst singen; Papa hört auch zu." Und Martha sang:

Tra ri ro,
Wie sind die Kinder froh!
Wir laufen nach den Wiesen,
Wo bunte Blumen sprießen.
Tra ri ro,
Jetzt sind die Kinder froh!

Tra ri ra,
Der Osterhas ist da.
Wir suchen in den Hecken,
Wo bunte Eier stecken.
Tra ri ra,
Der Osterhas ist da.

Dachte, thought; mich hören lassen, let myself be heard; hört zu, listens; Hecken, hedges; darf, may.

---

69. Lerne was, so kannst du was.

"Komm, Fritz, wir wollen Ball spielen!" "Nein, Martin, ich kann nicht; ich muss einen Vers lernen auf morgen." "O, komm' nur, den kannst du nachher noch lernen. Ich kann meinen auch noch nicht. Dazu ist heute Abend noch Zeit genug." Die Knaben gingen auf die Gasse und spielten. Als es finster ward, gingen sie nach Hause. Fritz war recht müde und ging nach dem Abendbrot zu Bett. Sein Buch, in dem der Vers stand, nahm er mit ins Bett und legte es unter den Kopf. Um sieben Uhr stand er erst auf. Das Buch war ganz krumm und schief geworden; aber der Vers stand nicht im Kopfe.

Fritz ging in die Schule. Die Kinder sagten dem Lehrer den Vers her, nur Fritz und Martin wussten ihn nicht. Sie mussten sich schämen.

U. 1—5.

"Hast du dein Buch auch mit ins Bett genommen?" fragte Fritz den Martin nach der Schule.

"Nein" sagte dieser, "ich hab's in meine Mütze gelegt."

Davon ist aber Beiden nichts in den Kopf gekommen.—Lerne was, so kannst du was!

Was, something; nachher, afterwards; kann, know; finster, dark; müde, tired; Abendbrot, supper; krumm und schief, out of shape; sagten her, recited; Mütze, cap; davon, by that.

70. Der Mai.

O wie schön ist es im Mai! Da lacht, singt und jubelt es an allen Orten. Darum nennen wir diesen

Monat auch den Wonnemonat. Im Garten stehen die Pflanzen im frischen Grün, und manche Bäume sind schneeweiß von Blüten. Auf der Wiese duften tausend Blümlein, um welche bunte Falter fliegen. Im Walde klingen die Lieder der Vögel von allen Zweigen.

Im Mai fühlen sich Menschen und Tiere nach dem langen kalten Winter wie neugeboren. Wer da kann, der geht hinaus ins Freie, denn:

Der Mai ist gekommen,
Die Bäume schlagen aus,
Da bleibe, wer Lust hat,
Mit Sorgen zu Haus!

Wonnemonat, month of delight; jubelt, rejoice, jubilate; aller Orten, everywhere; bunte, gay-colored; Falter, butterflies; schlagen aus, bud; Lust hat, likes; Sorgen, cares.

---

71. Der Hufnagel.

Ein Landmann wollte in die Stadt reiten. Er sattelte sein Pferd. An einem Hufe fehlte ein Nagel. Aber er sagte, „Auf einen Nagel kommt es nicht an," und ritt fort. Nach einiger Zeit verlor das Pferd das Hufeisen. Aber keine Schmiede war in der Nähe,

und der Landmann konnte kein anderes Eisen auf=
legen lassen. Er ritt weiter. Bald fing das Pferd
an zu hinken. Dann strauchelte es. Zuletzt fiel es
und brach das Bein. Der Mann schoß das Pferd
tot und ging zu Fuß nach Haus. So hatte er
wegen eines Nagels sein Pferd verloren.

Hufeisen, horseshoe; fehlte, was missing; kommt nicht an
auf, is of no consequence; wegen, on account of;
Schmiede, smithshop; auflegen, put on; hinken, limp;
strauchelte, stumbled; schoß, shot.

---

72. Mailied.

Komm, lieber Mai, und mache
    Die Bäume wieder grün,
Und lasse an dem Bache
    Die schönen Veilchen blüh'n.

Wie möcht ich doch so gerne,
    Ein Blümchen wieder seh'n,
Ach, lieber Mai, wie gerne
    Einmal spazieren geh'n!

Drum komm' und bring' vor allen
    Die blauen Veilchen mit;
Bring' uns viel Nachtigallen,
    Und auch den Kuckuck mit.

Mailied, Maysong; Weiden, willows; spazieren geh'n, take
a walk; Nachtigallen, nightingales; bring mit, bring along;
vor allen, above all.

73. Die Mühle.

Die Kinder hatten oft gefragt, woher denn das schöne weiße Mehl käme, aus dem die Mutter das Brot buk. Eines Tages sagte der Vater: „Nehmt eure Hüte, wir wollen in die Mühle gehen!"
Fort ging es über die Wiese und durch das Wäldchen hinunter ins Thal bis zum Fluß. Da steht die Mühle. Schon von weitem hatten sie ein Gebrause gehört. „Das sind die großen Räder," sagte der Vater. Als sie näher kamen, hörten sie auch den Mahlkasten klappern. Dann sahen sie die Räder

außen an der Mühle. Über die fällt das Wasser. In der Mühle sind noch andere Räder und auch die schweren Mühlsteine in dem Mahlkasten. Alles dreht sich in einem fort. Das Getreide schüttet der Müller zwischen die Steine, und da wird es zermahlen. Dann läuft es auf feine Siebe, wo die Hülsen zurückbleiben. Zuletzt fällt das weiße Mehl in einen großen Kasten, den Mehlkasten. Draußen aber stehen schon die Wagen, auf denen das Mehl weggebracht wird. Andere bringen mehr Getreide zum Mahlen. So geht es in der Mühle Tag und Nacht fort. Alles ist da weiß von dem Mehlstaub: die Räder, die Steine, die Müller selbst und das ganze Gebäude. Die Kinder erstaunten über die viele Arbeit beim Mehlmachen, und wie es dennoch so schnell ging. „Ohne Mühe wird nichts gethan," sagte der Vater.

Mühle, mill; Mehl, flour; buf, baked; Gebrause, roaring; Räder, wheels; Mahlkasten, mill-course; Müller, miller; Siebe, sieves; zurückbleiben, remain; weggebracht, taken away; Mehlstaub, flour-dust; Mehlmachen, making of the flour; klappern, rattle; Mühlsteine, millstones; dreht sich, turns; in einem fort, always; Getreide, grain; schüttet, pours; zermahlen, ground; Hülsen, hulls; Mehlkasten, flour box; Mahlen, grinding; Gebäude, building; dennoch, still; Mühe, pains.

---

74. Das Pferd und der Esel.

Einst schleppte ein Esel eine schwere Last. Neben ihm ging ein lediges Pferd. Der Esel bat das Pferd,

Erstes Lesebuch.

es möge ihm doch helfen; allein es hörte nicht auf seine Bitte. Zuletzt konnte der Esel nicht mehr weiter; er fiel zu Boden und starb. Nun lud der Treiber die ganze Last dem Pferde auf. Er zog dem toten Tiere die Haut ab, und das Pferd mußte dieselbe noch obendrein tragen. Hilf deinem Nächsten in der Not.

Schleppte, carried; lediges, unladen; bat, begged; zuletzt, at last; hilf, help; tragen, carry; hörte auf, listened to; starb, died; lud auf, put on; Treiber, driver; Last, load; zog die Haut ab, skinned; noch obendrein, in the bargain.

---

75. Gefunden.

Ich ging im Walde so für mich hin,
Und nichts zu suchen, das war mein Sinn.

Im Schatten sah ich ein Blümchen stehn,
Wie Sterne leuchtend, wie Äuglein schön.

Ich wollt' es brechen, da sagt' es fein:
„Soll ich zum Welken gebrochen sein?"

Ich grub's mit allen den Würzlein aus,
Zum Garten trug ich's, am hübschen Haus,

Und pflanzt es wieder am stillen Ort;
Nun zweigt es immer und blüht so fort.

Gefunden, found; Sinn, wish; Schatten, shade; leuchtend, shining; brechen, break, pick; Welken, fade; grub, dug; Würzlein, little roots; zweigt, branches; so fort, so on.

76. Der Sommer.

Der Sommer ist die heiße Jahreszeit. Die Sonne reift jetzt die Feldfrüchte und das Obst auf den Bäumen. Manchmal wird die Hitze drückend. Dann  kommt bald ein erfrischender Regen oder ein Gewitter. Die Luft wird abgekühlt. Menschen und Tiere atmen wieder auf.

Sommerzeit, heiße Zeit!
Sonne brennt jetzt weit und breit.
Aber Gott schickt milden Regen,
Schüttet jedes Feld voll Segen,
Schenkt dem Landmann volle Ähren,
Brot genug, uns all' zu nähren.

Drückend, oppressive; erfrischend, refreshing; Gewitter, thunder-storm; abgekühlt, cooled off; atmen auf, breathe freely; Segen, abundance; schenkt, presents, gives; Ähren, ears; nähren, nourish.

77. Die guten Kinder.

Drei kleine Geschwister standen beisammen und redeten von Vater und Mutter. Jedes erzählte, wie gut die Eltern seien, und welche Geschenke es zum Geburtstage bekommen habe. Dann sprachen sie vom Kinde des Nachbars, dem die Mutter gestorben war. Da sagte das Schwesterlein: „Unsere Mutter darf nicht sterben!"

Die Kinder gingen bald in das Haus und

schmiegten sich an Vater und Mutter; und sie waren nirgends so gern wie bei den Eltern.

Beisammen, together; redeten, talked; erzählte, told; schmiegten sich, nestled; nirgends, nowhere; waren gerne, liked it.

---

78. Mein Mütterlein.

Mein Mütterlein, wie lieb ich dich
Von ganzem Herzen inniglich!
Und ist mein Herz auch noch so klein,
So nahm ich dich doch ganz hinein,
 O Mütterlein!

Wie ich so klein jetzt vor dir steh'
Und dir in deine Augen seh',
Da denke ich: Wärst du nicht mein,
So könnte ich auch nicht mehr sein;
 Mein Mütterlein!

Inniglich, fondly; nahm, took.

---

79. Die zornige Else.

Else ging im Garten umher und besah sich die Blumen. Da stand eine prächtige weiße Rose; Else bückte sich, um daran zu riechen. Als sie aber der Rose nahe kam, da flog ein Bienchen summend aus der schönen Blüte und wollte nach dem Bienenkorb, der gerade neben dem Pfade stand. Else erschrak und wurde zornig. Schnell nahm sie eine Handvoll Erde und warf sie der Biene nach gegen den Bienenkorb. Aber, o weh! mit einem Male flog ein ganzer Schwarm Bienen herbei und stürzte sich auf Else. Das zornige Mädchen wurde arg zerstochen und lief weinend ins Haus. Ihr Gesicht schwoll so auf, daß sie eine Woche lang kaum aus den Augen sehen konnte.

Zornig, angry; besah, looked at; bückte sich, stooped down; Bienenkorb, beehive; Pfade, pathway; gegen, against; Schwarm, swarm; stürzte sich auf, rushed at; zerstochen, stung; schwoll, swelled.

80. Bächlein und Knäblein.

Bächlein, wohin so munter?
Immer den Berg hinunter,
Immer ins Thal hinein!
Bin noch so jung und klein,
Möchte gern größer sein,
Möcht' gern auf Erden
Ein Fluß noch werden.

Knäblein, wohin so munter?
Immer die Trepp' hinunter,
Immer zur Schule hinein!
Bin noch so jung und klein,
Möchte gern größer sein,
Möcht' gern auf Erden
Was Recht's noch werden.

Was Recht's, something great.

81. Der Fuchs und die Enten.

Die Enten schwammen lustig auf dem Bache. Hie und da kam ein Zweig oder ein Baumast unter sie hinein getrieben. Zuerst flatterten sie auf. Sie gewöhnten sich jedoch bald daran und fürchteten sich nicht mehr. Am Ufer aber, im Gebüsche, saß der schlaue Fuchs. Der warf die Äste ins Wasser und freute sich boshaft, als er bemerkte, daß die Enten kein Arg daran sahen. Zuletzt schob er einen Ast voll Blätter ins Wasser und setzte sich selbst darauf. Hinter dem Laube konnte man ihn nicht sehen. So trieb er den Bach abwärts, gerade zwischen die Enten. Die dachten immer noch an nichts Böses. Der Fuchs aber biß und schnappte jetzt rechts und links um sich. Er faßte zwei Enten und trieb damit

weiter den Bach hinunter, bis er ans Ufer kam. Da
verzehrte er seine Beute. Die anderen Enten flogen
erschreckt weg und getrauten sich lange nicht wieder
in den Bach.

Schwammen, were swimming; unter, hinein, in between;
getrieben, came floating; gewöhnten sich daran, got used to
it; Gebüsche, bushes; boshaft, malignantly; bemerkte, perceived; kein Arg, no harm; abwärts, down; gerade, just;
biß, bit; schnappte um sich, snapped about him; rechts und
links, right and left; Beute, booty; getrauten sich, ventured;
schob, pushed.

82. Sei reinlich.

Auf dem Dach die Flügelein putzet sich die Taube.
Kätzchen leckt die Pfoten fein, wäscht sie rein vom
    Staube.
Hahn und Huhn und Ent' und Gans baden ihr
    Gefieder.
Fröhlich in der Wellen Glanz taucht das Fischlein
    nieder.
Was da lebt in Flur und Au', liebt der Reinheit
    Segen.
Blümlein badet sich im Tau, und der Baum im Regen.
Aller Orten schallt der Ruf: Ohne Fleck und Fehle!
Werd' auch du, wie Gott dich schuf, rein an Leib
    und Seele.

Reinlich, cleanly; putzet, cleanses; Staube, dust; Glanz,
brightness; taucht, dives; Flur, field; Au', meadow; Segen,
blessing; Fleck, spot; Fehle, fault; schuf, created; Leib und
Seele, body and soul.

83. Die drei Krähen.

„Georg, es ist Zeit zur Schule!"—„Ich weiß es, Vater, und gehe schon!"—„Daß du mir nicht auf dem Felde spielst."—„Gewiß nicht, ich verspreche es dir."

Georg nahm seinen Ranzen und verließ das Haus. Er mußte über Wiesen und Felder und durch ein Wäldchen gehen, ehe er die Schule erreichte.

Es war ein warmer Morgen im Juni, und die Sonne schien heiß. Zuerst ging Georg rasch auf dem Pfad dahin. Als er aber in das Wäldchen kam und drei Krähen auf einer Buche sah, vergaß er sein Versprechen und die Schule, und setzte sich unter den Baum. Es dauerte nicht lange, so war unser Knäblein eingeschlafen. Während er so schlummernd da saß, glaubte er, die drei Krähen mit einander sprechen zu hören.

Die erste Krähe begann: „Als ich noch klein war, sollte ich in die Schule gehen und hübsch sprechen und singen lernen. Aber ich flog lieber im Walde umher. Die anderen Vögel können jetzt schön singen und pfeifen, ich jedoch muß den ganzen Tag ‚rab, rab!' schreien."

Die zweite Krähe sagte: „Als ich jung war, brachte mich mein Vater zum Specht; der ist ein Zimmermann. Dort sollte ich lernen, wie man Häuser baut und Holz hackt. Allein ich war zu faul. Wann jetzt der kalte Winter kommt, so kann sich der Specht ein

Häuslein zimmern, ich aber sitze im Wind auf einem
dürren Ast, friere und rufe: Rab, rab, rab!"

Hierauf sagte die dritte Krähe: „Ich war nicht
besser, als ihr. Ich kam zu einem Hahn und sollte
lernen, wie man morgens früh die Leute weckt. Aber
ich schlief zu lange, und wurde deshalb fortgeschickt.
Jetzt verdient der Hahn viel Geld, und er kauft sich
schöne Kleider dafür. Ich aber weiß nichts und kann
nichts und muß deshalb alle Tage meinen alten
schwarzen Rock tragen, rab, rab, rab!"

So sprachen die Krähen mit einander. Da wachte
Georg auf und sah die drei schwarzen Burschen über
sich auf dem Aste sitzen. Rasch nahm er seinen
Ranzen und lief zur Schule. Von diesem Tage kam
er nie mehr zu spät und lernte fleißig; denn es sollte
ihm nicht gehen, wie den drei Krähen.

Krähen, crows; verspreche, promise; erreichte, reached;
Buche, beech; eingeschlafen, fallen asleep; schlummernd,
slumbering; Zimmermann, carpenter; hackt, chops; zimmern,
build; dürr, dry; fortgeschickt, sent away; verdient, earns;
Specht, wood-pecker.

---

84. Der Wolf an der Thüre.

Die alte Ziege hatte kein Futter mehr im Stalle
und mußte auf die Wiese gehen, um Gras zu suchen.
Da wollte das junge Zicklein auch mitgehen. Aber
die Mutter sagte: „Nein, du bist noch zu klein; der

Weg ist weit, und der Wolf ist draußen. Bleib du zu Hause und halte die Thüre fest zugeriegelt, bis ich wiederkomme und dich rufe." Das Zicklein sagte ja, es wolle gewiß artig sein, bis die Mutter käme. Als die alte Ziege fort war, kam der Wolf. Er hatte gemerkt, daß das Zicklein allein zu Hause war und dachte: „Das dumme Zicklein wird mir schon aufmachen." Er ging also hin, pochte dreimal an die Thür und sprach mit verstellter Stimme: „Liebes Zicklein, mache auf! Ich bringe dir schöne Sachen, die ich für dich gekauft habe."

Aber das Zicklein sagte: „Nein, meine Mutter hat es mir verboten. Ich darf niemand einlassen, bis sie wiederkommt."

Nachdem der Wolf lange vergeblich gewartet hatte, fürchtete er, die alte Ziege möchte kommen und den Jäger rufen, und der möchte ihn totschießen. Da zog er ab in den Wald und sagte: „Das Zicklein ist doch gescheiter, als ich dachte!"

Die Mutter aber kam bald zurück und brachte Gras und Blumen mit. Als sie hörte, was vorgefallen war, lobte sie das Zicklein und sagte: „Das ist brav von dir, daß du mir gefolgt und die Thüre nicht geöffnet hast!"—Und sie erzählte den ganzen Abend von dem garstigen Wolfe, der die Zicklein frißt.

Fest, tight; zugeriegelt, bolted; artig, good; gemerkt, noticed; verstellter, disguised; verboten, forbidden; vergeblich, in vain; gescheiter, wiser; vorgefallen war, had happened.

85. Die Haustiere.

Die Sonne ist schon untergegangen. Die Feldarbeit ist beendigt. Der Vater füttert die Pferde und die Kühe, die Mutter bereitet das Abendbrot. Die Kinder sind auf dem Hofe und spielen mit den

Täubchen und Hühnern. Die Ziegen und Schafe trinken am Brunnen, und der alte Hofhund, der Karo, steht dabei und knurrt. Ein weißes Täubchen ist auf Minchens Hand geflogen. Sie liebkost es und

spricht: „Die Tauben sind doch die besten und schönsten Tiere auf unserem Hofe."

„Wozu nützen sie aber?" sagt Luise; „da sind mir doch die Hühner lieber, die legen Eier, und die Mama bereitet uns von ihrem Fleische gute Suppe."

„Ja, zum Spielen und Kosen sind die Vögel gut genug," rief Ludwig; „aber die Pferde, das sind doch ganz andere Tiere; die kann man bei der Arbeit gebrauchen. Und wie prächtig ist es, wenn ich unseren Braunen zur Weide reite!"

Maria hatte ein Körbchen voll saftigen Klee vom Felde geholt, um die jungen Ziegen und Lämmer zu füttern. Sie sagte: „Die Mutter hat uns erzählt, daß die Schafe und Ziegen uns die Wolle und die weichen Haare geben, woraus unsere warmen Kleider gemacht werden. Darum sind sie gewiß nützlicher, als alle anderen Tiere."

Die kleine Doris aber rief: „Nein, nein, meine bunte Kuh, die ist mir die liebste! Sie gibt uns Milch und Butter und Fleisch."

„Kinder," sprach jetzt der Vater, der hinzugetreten war, „ihr vergeßt den Karo. Wenn der nicht wäre, hätten wir manches unserer Tiere längst nicht mehr. Er wacht für uns alle, wenn wir schlafen. Er ist treu, gelehrig und folgsam. Der Hund ist ein sehr nützliches Haustier."

„Ja, o ja!" riefen die Kinder, „den guten Karo dürfen wir nicht vergessen!"

Erstes Lesebuch. 83

Beendigt, finished; Abendbrot, supper; liebkoſt, caresses; Koſen, petting; Braunen, bay; hinzugetreten, stepped up; treu, faithful; gelehrig, docile; folgſam, obedient.

86. Kind und Schmetterling.

Kind: Schmetterling, kleines Ding, ſage wovon du lebſt, daß du nur ſtets in den Lüften ſchwebſt?

Schm.: Blumenduft, Sonnenſchein, das iſt die Nahrung mein!

Das Kindlein, das wollt' ihn fangen, da bat er mit Zittern und Bangen: „Liebes Kindlein, thu' es nicht, laß mich ſpielen im Sonnenlicht; eh' vergeht das Abendrot, lieg' ich doch ſchon kalt und tot."

Schwebſt, hovers; Zittern, trembling; Bangen, fear; eh', before; vergeht, passes away.

87. Der Weihnachtsbaum.

Und ist das Stübchen noch so klein,
Der Weihnachtsmann kommt doch hinein
Und zündet drin ein Bäumchen an
Mit schönen Sachen drauf und dran.

Und ist das Stübchen noch so klein,
Lieb Väterlein, lieb Mütterlein,
Die putzen's auf zum Weihnachtstag,
Damit das Kind sich freuen mag.

Und ist das Stübchen noch so klein,
Ein solches Kind muß drinnen sein,
Das gern gehorcht und jederzeit
Zu allem Guten ist bereit.

So gieb denn, lieber Weihnachtsmann,
Ich bitte dich, so gut ich kann,
Daß ich auf dieser schönen Erd'
Die Freude meiner Eltern werd'!

Zündet an, lights; noch so, ever so; putzen auf, dress up; bereit, ready.

Sprachübungen.

Sprachübung I.

Dingwörter oder Hauptwörter.

NOUNS.

a. Karl und Anna gehen in die Schule. Da sind viele Knaben und Mädchen: Albert, Bertha, Dora, Fritz, Wilhelm, Heinrich, Luise, Klara, Marie und Adolf. Der Vater und die Mutter, der kleine Bruder und das Schwesterchen sind zu Hause.

b. Das Pferd, der Hund, die Kuh, die Katze, der Esel, die Gans, das Huhn, die Ente und die Taube sind Haustiere. Diese Tiere sind den Menschen nützlich; darum halten sie dieselben in ihrer Nähe und füttern sie.

c. Wir gehen in die Schule; wir haben eine Tafel, einen Griffel, ein Lineal, einen Schwamm und ein Buch. In der Schule sitzen wir auf einer Bank; vor uns ist das Pult. Die Lehrerin sitzt auf einem Stuhl hinter dem Tisch. Sie schreibt mit Kreide an die Wandtafel.

a. Karl, Anna, Vater, Schwester u. s. w. sind Namen von Personen.

b. Pferd, Hund, Gans u. s. w. sind Namen von Tieren.

c. Buch, Griffel, Tafel u. s. w. sind Namen von Dingen.

Merke: Dingwörter oder Hauptwörter (Nouns) geben die Namen von Personen, Tieren und Dingen an; sie werden groß geschrieben.

Aufgabe:

1. Suche die Namen von 10 Knaben und Mädchen unter a auf!
2. Schreibe die Namen von 15 Tieren aus dem Leseftück 30 ab!
3. Schreibe die Namen von 10 Dingen, die in der Schule sind; von 10 Dingen, die im Hause sind; von 10 Dingen, die du auf der Straße siehst!
4. Schreibe die Dingwörter aus dem Leseftück 3 ab!

Sprachübung II.

Das Geschlecht der Dingwörter.

GENDER OF NOUNS.

a. Männliche Dingwörter:
   Der Vater, der Hund, der Griffel.
b. Weibliche Dingwörter:
   Die Schwester, die Taube, die Tafel.
c. Sächliche Dingwörter:
   Das Kind, das Pferd, das Buch.

Erstes Lesebuch.

Merke: Es gibt männliche, weibliche und sächliche Dingwörter. Vor die männlichen Dingwörter setzt man der, vor die weiblichen die und vor die sächlichen das. — Der, die und das geben das Geschlecht der Dingwörter an; man nennt sie Geschlechtswörter.

Aufgabe: Setze der, die oder das vor die folgenden Dingwörter!

— Bruder, — Tante, — Kleid, — Schwan,
— Esel, — Ziege, — Huhn, — Kuh, — Kalb,
— Stuhl, — Tisch, — Bank, — Fenster, — Lineal,
— Thür, — Kreide, — Ofen, — Uhr, — Bild.

Aufgabe: Suche aus dem Lesestück 35, Dingwörter mit „der," mit „die" und mit „das!"

Aufgabe: Schreibe zehn Dinge auf mit „der," 10 Dinge mit „die" und 10 Dinge mit „das!"

Sprachübung III.
Das unbestimmte Geschlechtswort.
INDEFINITE ARTICLE.

Der Baum — ein Baum.
Die Blume — eine Blume.
Das Blatt — ein Blatt.

Merke: Der, die und das sind bestimmte, ein, eine und ein sind unbestimmte Geschlechtswörter.

Aufgabe: Setze statt der, die, das—ein, eine oder ein vor folgende Dingwörter!

Der Baum, das Buch, die Tafel, das Kind, das Haus, die Thür, die Katze, der Hund, der Vogel, die Biene, die Maus, das Pferd, das Kleid, der Rock, der Hut, die Uhr, das Auge, der Arm, die Hand, das Ohr.

A u f g a b e : Setze ein, eine oder ein vor folgende Dingwörter!

— Ofen, — Wand, — Fenster, — Tier, — Taube, — Hahn, — Vogel, — Huhn, — Ente, — Rose, — Apfel, — Birne, — Kirsche, — Stein, — Knopf, — Knabe, — Mädchen, — Schwester, — Mütze, — Griffel.

Sprachübung IV.

Hinweisende Fürwörter.

DEMONSTRATIVE PRONOUNS.

a. Der Baum — dieser Baum.
Die Biene — diese Biene.
Das Dach — dieses Dach.

A u f g a b e : Setze dieser, diese oder dieses anstatt der, die, das vor folgende Dingwörter!

Der Stuhl, der Tisch, der Löffel, die Gabel, die Schüssel, die Suppe, das Glas, das Messer, das Papier, die Tafel, der Schlüssel, das Fenster, das

Bild, der Ofen, die Thür, die Glocke, der Griffel, das Buch, die Feder, das Glas.

Aufgabe: Fülle vor folgenden Dingwörtern die Lücken aus mit dieser, diese oder dieses!
— Pferd, — Kuh, — Hund, — Katze, — Kalb, — Huhn, — Hahn, — Henne, — Gans, — Ente, — Sperling, — Vogel, — Maus, — Taube, — Veilchen, — Rose, — Tulpe, — Haus, — Turm, — Kirche, — Hof, — Mauer, — Straße, — Laden.

b. Der Mann — jener Mann.
   Die Frau — jene Frau.
   Das Kind — jenes Kind.

Aufgabe: Setze vor folgende Dingwörter jener, jene oder jenes anstatt der, die, das!
Der Stein, der Fluß, die Brücke, das Ufer, das Schiff, die Wiese, der Fisch, das Boot, das Feld, der Pflug, die Schaufel, die Leiter, die Scheune, der Stall, der Wagen, das Rad, die Magd, der Knecht, der Eimer, die Gabel.

Aufgabe: Fülle vor folgenden Dingwörtern die Lücken aus mit jener, jene oder jenes!
— Wald, — Wiese, — Eiche, — Tanne, — Apfel, — Birne, — Kirsche, — Moos, — Gras, — Baum, — Wurzel, — Stamm, — Ast, — Zweig, — Blatt, — Rinde, — Frucht, — Nuß, — Esel, — Ochs, — Schaf, — Lamm, — Fuchs, — Schwein.

Sprachübung V.

Besitzanzeigende Fürwörter.
POSSESSIVE PRONOUNS.

Der Hund — mein Hund.
Die Katze — meine Katze.
Das Pferd — sein Pferd.

Aufgabe: Gebrauche mein, dein, sein anstatt der, die, das!

Der Stiefel, der Rock, das Kleid, die Weste, die Mütze, der Hut, das Hemd, das Taschentuch, die Uhr, die Nase, das Auge, das Ohr, der Mund, der Zahn, die Zunge, der Fuß, das Haar, der Finger, das Herz, der Hals.

Aufgabe: Fülle die Lücken aus mit mein, dein, sein!

— Vater, — Mutter, — Bruder, — Schwester, — Onkel, — Tante, — Haus, — Messer, — Blume, — Vogel, — Bild, — Tafel, — Tasche, — Schule, — Sitz, — Lehrer, — Aufgabe, — Puppe, — Lineal, — Papier.

Sprachübung VI.

Wie die Dinge sind.

Der Himmel ist **blau**.
Die Wiese ist **grün**.
Das Messer ist **scharf**.

Erstes Lesebuch.

Merke: Eigenschaftswörter (adjectives) sagen, wie die Dinge sind.

a. **Aufgabe:** Suche die Eigenschaftswörter aus dem Lesestück 23 aus!

b. **Aufgabe:** Sage, wie die folgenden Dinge sind, und nimm die Eigenschaftswörter aus der beigegebenen Reihe!

Der Schnee — —. Der Himmel — —. Die Suppe — —. Der Ring — —. Die Sonne — —. Der Griffel — —. Das Gras — —. Die Milch — —. Das Brot — —. Das Obst — —. Die Feder — —. Der Hund — —. Der Rabe — —. Der Tisch — —. Das Haar — —.

Blau, viereckig, reif, spitz, hell, heiß, treu, grün, leicht, trocken, schwarz, lockig, frisch, rund, weiß.

c. **Aufgabe:** Sage, wie die folgenden Dinge sind!

Der Apfel — —. Die Kirsche — —. Das Veilchen — —. Die Rose — —. Die Pfirsich — —. Die Erdbeere — —. Der Ofen — —. Das Fenster — —. Der Tisch — —. Die Bank — —. Die Thüre — —. Der Stein — —. Das Pferd — —. Das Schaf — —. Das Schwein — —. Die Katze — —. Der Fuchs — —. Der Hase — —. Der Turm — —. Die Hütte — —.

d. **Aufgabe:** Nenne 10 Dinge in der Schule und sage, wie sie sind!

Nenne 10 Tiere und sage, wie sie sind!

Nenne 10 Dinge auf der Straße und sage, wie sie sind!

Sprachübung VII.
Was die Dinge thun.

Der Lehrer kommt.
Die Taube fliegt.
Das Kind spielt.

Merke: Zeitwörter oder Thätigkeitswörter (verbs) sagen, was die Dinge thun.

a. Aufgabe: Suche die Zeitwörter aus dem Lesestück 5 aus!

b. Aufgabe: Sage, was die folgenden Dinge thun, und nimm die Thätigkeitswörter aus der beigegebenen Reihe!
Der Gärtner —. Die Uhr —. Der Hase —. Die Ente —. Das Eis —. Der Baum —. Die Katze —. Der Mond —. Die Köchin —. Der Jäger —. Der Hahn —. Das Messer —. Mein Herz —. Die Schnecke —. Die Glocke —. Der Bock —. Der Ball —. Der Schnee —.
Kratzt, rollt, läuft, schlägt, fällt, kräht, schmilzt, scheint, tickt, pflanzt, wächst, kocht, kriecht, stößt, tönt, schneidet, schießt, schwimmt.

c. Aufgabe: Sage, was folgende Dinge thun!
Der Vogel —. Die Sonne —. Das Pferd —.

Erstes Lesebuch.

Die Kuh —. Die Maus —. Die Gans —. Der Hund —. Der Wind —. Die Mutter —. Der Vater —. Der Maler —. Der Bäcker —. Der Schneider —. Der Fischer —. Der Schreiner —. Der Schreiber —. Die Näherin —. Der Fisch —. Das Feuer —. Das Wasser —.

d. Aufgabe: Nenne 10 Personen und sage, was sie th..!

Nenne 10 Tiere und sage, was sie thun!

Nenne 10 Dinge auf der Straße und sage, was sie thun!

Sprachübung VIII.
Was die Dinge sind.

Das Schaf ist ein Tier.
Die Rose ist eine Blume.
Der Stuhl ist ein Gerät.

a. Aufgabe: Sage, was folgende Dinge sind!
Das Haus — —. Der Hobel — —. Die Tulpe — —. Die Taube — —. Das Pferd — —. Der Apfel — —. Der Jäger — —. Der Schreiner — —. Der Tisch — —. Der Aal — —. Die Tanne — —. Die Tafel — —. Die Eiche — —. Die Bibel — —. Der Rock — —. Der Hut — —. Der Ofen — —. Das Lamm — —. Die Gans — —. Der Vater — —. Die Mutter — —.

Der Onkel — —. Die Tante — —. Der Schüler
— —. Die Schülerin — —.

Gebäude, Werkzeug, Blume, Vogel, Haustier, Frucht, Mann, Handwerker, Gerät, Fisch, Baum, Schulgerät, Baum, Buch, Kleidungsstück, Gerät, Tier, Vogel, Mann, Frau, Knabe, Mädchen.

b. Aufgabe: Sage von 10 Dingen in der Schule, was sie sind!

Sage von 10 Dingen im Garten, was sie sind!

Sage von 10 Dingen im Walde, was sie sind!

Sprachübung IX.

Die Mehrzahl der Dingwörter.
PLURAL OF NOUNS.

a. Der Spiegel — die Spiegel.
Der Schlitten — die Schlitten.
Der Gerber — die Gerber.
Das Fenster — die Fenster.
Das Mädchen — die Mädchen.
Das Bienlein — die Bienlein.
Das Gebäude — die Gebäude.

b. Der Nagel — die Nägel.
Der Garten — die Gärten.
Der Vater — die Väter.
Der Ofen — die Öfen.
Die Mutter — die Mütter.
Die Tochter — die Töchter.

Erstes Lesebuch.

Merke: Wenn man von einem Spiegel spricht, so sagt man **der** Spiegel; wenn man von mehreren spricht, **die** Spiegel. Beispiel: Der Spiegel ist neu. Die Spiegel sind neu.

a. Aufgabe: Setze folgende Sätze in die Mehrzahl!

Der Stiefel ist neu. Der Löffel ist blank. Der Bohrer ist spitz. Das Messer ist scharf. Das Häschen ist furchtsam. Das Fräulein ist jung. Das Gebäude ist hoch. Der Schreiner ist ein Handwerker. Der Adler ist ein Vogel. Der Schüler ist in der Schule.

b. Der Apfel ist reif. Der Graben ist tief. Der Vater ist gütig. Die Mutter ist fleißig. Die Tochter ist müde. Der Vogel ist gelb. Der Ofen ist schwarz. Der Bruder ist krank. Der Garten ist groß. Der Nagel ist rostig.

Sprachübung X.

Die Mehrzahl der Dingwörter.

a. Das Bild — die Bilder.
Das Kind — die Kinder.
Das Feld — die Felder.
Das Kleid — die Kleider.
Das Weib — die Weiber.

b. Der Mann — die Männer.
Das Dach — die Dächer.
Das Dorf — die Dörfer.
Das Buch — die Bücher.
Das Haus — die Häuser.

a. Aufgabe: Setzet folgende Sätze in die Mehrzal! Beispiel: Das Ei siedet. Die Eier sieden. Das Kind weint. Das Licht scheint. Das Kleid zerreißt. Das Feld grünt. Das Rind brüllt. Das Kalb springt. Der Mann arbeitet. Der Wurm kriecht. Das Korn reift. Der Strauch blüht.

b. Aufgabe: Setze folgende Dingwörter in die Mehrzahl und sage, wie die Dinge sind!

Das Bild, das Lied, der Leib, das Nest, das Brett, das Band, das Buch, das Glas, das Gras, das Dach.

Sprachübung XI.

Mehrzahl.

a. Der Aal — die Aale.
Der Tag — die Tage.
Das Heft — die Hefte.
Der Fisch — die Fische.
Das Boot — die Boote.
Der Hund — die Hunde.

Erstes Lesebuch.

b. Die Gans — die Gänse.
Die Hand — die Hände.
Der Sohn — die Söhne.
Die Kuh — die Kühe.
Die Nuß — die Nüsse.
Der Baum — die Bäume.

a. Aufgabe: Setze folgende Sätze in die Mehrzahl!
Der Arm ist ein Glied. Der Aal ist ein Fisch. Der Tisch ist ein Gerät. Der Hund ist ein Tier. Der Tag ist lang. Der Stein ist hart. Die Nacht ist dunkel. Die Frucht ist reif. Die Nuß ist eine Frucht. Die Bank ist ein Gerät. Die Kuh ist ein Haustier. Die Maus ist ein Nagetier. Die Faust ist eine Hand.

b. Aufgabe: Setze folgende Dingwörter in die Mehrzahl und sage, wie die Dinge sind oder was die Dinge sind!
Das Pferd, der Fisch, das Jahr, der Huf, der Punkt, der Mond, der Schuh, das Boot,—der Arzt, die Magd, die Stadt, der Rock, der Topf, der Hut, die Nuß, der Baum.

Sprachübung XII.
Mehrzahl.

Der Knabe — die Knaben.
Der Hase — die Hasen.

Der Herr — **die Herren.**
Der Soldat — **die Soldaten.**
Die Blume — die Blumen.
Die Kirche — die Kirchen.
Die Frau — die Frauen.
Die Uhr — die Uhren.

a. Aufgabe: Setze folgende Sätze in die Mehrzahl!

Der Bote rennt. Der Bär brummt. Der Löwe brüllt. Der Ochs zieht. Der Neffe schreibt. Die Frau näht. Die Katze klettert. Die Feder kratzt. Die Kirsche reift. Die Zeit vergeht. Die Tafel zerbricht. Das Auge sieht.

b. Aufgabe: Setze folgende Dingwörter in die Mehrzahl und sage, was die Dinge thun!

Der Hase, der Hirt, der Bauer, der Soldat, der Mensch, die Birne, die Blume, die Uhr, die Wiese, das Ohr, das Herz.

Wiederholung.

Aufgabe: Setze folgende Wörter in die Mehrzahl:

a. Der Adler, der Apfel, das Buch, das Boot, das Bienlein, das Dach, der Esel, das Feld, der Fisch, die Frucht, die Frau, die Gans, der Garten, das Haus, der Huf, die Kuh, das Kalb, das Kleid, die Katze, der Leib.

b. Das Lied, der Mann, die Magd, die Nacht,

Erstes Lesebuch.

das Nest, der Ochs, das Pferd, der Rock, der Sohn, der Soldat, der Schuh, der Stein, der Stiefel, der Tag, die Tochter, die Uhr, der Vogel, der Wurm, das Weib, die Wiese.

Sprachübung XIII.
Stellung des Eigenschaftswortes.
POSITION OF ADJECTIVES.

Der Vogel ist gelb — der gelbe Vogel.
Die Magd ist fleißig — die fleißige Magd.
Das Kleid ist neu — das neue Kleid.

a. Aufgabe: Setze in folgenden Sätzen das Eigenschaftswort vor das Dingwort!
Der Schüler ist fleißig. Der Hund ist treu. Die Katze ist falsch. Die Kuh ist nützlich. Das Lamm ist sanft. Das Buch ist neu. Der Mann ist reich. Der Ast ist krumm. Der Fuß ist kurz. Die Frucht ist süß. Die Rinde ist rauh. Die Kohle ist hart. Das Blatt ist grün. Das Pferd ist mutig. Dieser Herr ist freundlich. Jene Wiese ist grün. Mein Brot ist weiß. Deine Butter ist frisch. Sein Papier ist blau.

b. Aufgabe: Setze in folgenden Sätzen Eigenschaftswörter vor die Dingwörter!
Der — Schneider arbeitet. Die — Katze kratzt. Der — Hund bellt. Der — Schnee schmilzt. Das

— Veilchen blüht. Die — Traube ist blau. Das — Holz brennt. Das — Messer schneidet. Das — Obst ist ungesund. Die — Schlange ist gefähr=
lich. Die — Nadel sticht. Das — Kind weint. Die — Rose verwelkt. Der — Mann bettelt.

Sprachübung XIV.

Das Fürwort.

PRONOUNS.

a. Der Schwan schwimmt — **er** schwimmt.
Die Biene summt — **sie** summt.
Das Wasser fließt — **es** fließt.

Merke: Wörter, welche für Dingwörter stehen, nennt man **Fürwörter** (pronouns).

Aufgabe: Setze in folgenden Sätzen an Stelle der Dingwörter „er," „sie," oder „es."

Der Baum ist hoch. Die Sonne scheint. Das Buch ist neu. Das Kleid ist alt. Der Vogel fliegt. Die Rose blüht. Der Mond scheint. Die Luft ist klar. Das Gras ist grün. Der Schreiner hobelt. Der Zimmermann sägt. Das Brett ist dünn. Das Mädchen strickt. Die Frau näht. Die Magd wäscht. Die Köchin kocht. Das Wasser ist frisch. Die Milch ist süß. Der Essig ist sauer. Das Mehl ist weiß.

b. Ich gehe. Du kommst. Er schreibt. Sie singen.

Erstes Lesebuch.

Aufgabe: Setze vor folgende Zeitwörter ich, du, er oder sie! — sehe, — lernst, — arbeitet, — reden, — fragt, — antwortest, — stehe, — sitzt, — gehst, — laufen, — lese, — spielen, — rechnest, — singen, — zeichne, — schreibst, — hüpft, — springst, — turne, — folgen.

Sprachübung XV.
Verschiedenes.

Aufgabe: Setze folgende Sätze in die Einzahl!

a. Die Kinder lernen. Die Männer arbeiten. Die Fenster sind hell. Die Schlitten sind neu. Die Fische schwimmen. Die Hunde bellen. Die Söhne turnen. Die Pferde ziehen. Die Knaben schreiben. Die Uhren gehen. Die Katzen kratzen. Die Hasen rennen. Die Nüsse sind hart. Die Steine sind kalt. Die Dächer sind schief. Die Felder sind grün. Die Töchter lesen. Die Mütter stricken. Die Nägel sind spitz. Die Spiegel sind teuer.

b. Diese Gärten sind groß. Diese Rosen sind rot. Diese Bienlein sind fleißig. Diese Bilder sind teuer. Diese Dörfer sind klein. Diese Gläser sind leer. Diese Hände sind rein. Diese Tische sind hoch. Diese Birnen sind reif. Diese Bauern sind reich.— Jene Früchte reifen. Jene Adler fliegen. Jene Gänse schwimmen. Jene Häuser brennen. Jene

Mägde waschen. Jene Gerber arbeiten. Jene Mäuse nagen. Jene Soldaten gehen. Jene Menschen eilen. Jene Schüler schreiben.

c. Meine Bücher sind neu. Deine Stiefel sind eng. Seine Schuhe sind zerrissen. Deine Äpfel sind sauer. Seine Hufe sind hart. Meine Vögel sind gelb. Meine Augen sind blau. Meine Tafeln sind ganz. Seine Bohrer sind spitz. Deine Lieder sind lang. Deine Kühe weiden. Seine Boote schwimmen. Meine Kleider zerreißen. Seine Messer schneiden. Deine Brüder kommen. Meine Bäume wachsen. Meine Löffel glänzen. Deine Blumen blühen. Seine Federn kratzen. Meine Ohren hören.

TRANSLATIONS.

Lesson I.

NOUNS.

a. Charles, Anna, Mary, Bertha, Dora, Clara, Louisa, William, Fred, Albert, John, and Ernest are pupils. Emil is my brother. Louisa is my sister. Father and mother are at home (baheim).

b. The horse, the cow, the dog, and the cat are animals; they can run. The goose, the chicken, the duck, and the pigeon are birds; they can fly. We have a cat, a cow, and a horse.

c. I am a pupil. I can write. The book, the slate, the ruler, the pencil, the chair, the desk. The teacher writes with chalk: The door, the window, the stove, the table. I can read it.

Lesson II.

GENDER OF NOUNS.

The man, the woman, and the child.—The bird, the flower, and the house.—The brother,

the aunt and the sister.—The cow and the calf.
—The chair, the table, and the bench.—The
stove, the window, and the door.—The clock and
the picture.—The swan and the chicken.—The
donkey and the goat.

Lesson III.

THE INDEFINITE ARTICLE.

A tree and a house.—A book and a slate.—
A mother and a child.—A cat, a dog, and a
bird.—A bee and a mouse.—A hat and a coat.
—A horse and a goat.—A door, a clock, or a
stove.—An eye, an ear, an arm, and a hand.

Lesson IV.

DEMONSTRATIVE PRONOUNS.

a. This chair, this table, and this bowl.—This
spoon, this fork, and this knife.—This slate or
this paper.—This window and this picture.—
This door and this key.

b. That horse, that cow, and that dog.—That
goose, that chicken, and that swan.—That river
and that bridge.—That field and that plow.—
That wagon and that wheel.

Erstes Lesebuch.

c. This house and that church.—This street and that wall.—That forest and this meadow.—That ship and this boat.—This stable and that barn.—This fish or that duck.

Lesson V.

POSSESSIVE PRONOUNS.

My hat, my cap, and my shirt.—My boot, your coat, and your vest.—His watch and his picture.—My father, your uncle, and his brother.—His sister, my aunt, and your mother.—My eye and my ear.—His mouth and his tongue.—Your arm and your hand.—My bird and my flower.—Your uncle and his house.—My father and his horse.

Lesson VI.

THINGS DESCRIBED.

The garden is large.—The tree is high; it is an apple-tree.—The apple is red.—The pear is soft.—The cherry is black.—The strawberry is ripe.—The peach is green.—The rose is yellow.—The violet is blue.

The door is open.—The window is shut.—The

stove is hot.—The table is round.—The chair is high.—The bench is long.

The horse is proud.—The donkey is slow.—The sheep is gentle.—The cat is false.—The pig is dirty.—The fox is sly.—The hare is timid.

Lesson VII.

WHAT THINGS DO.

The bird sings.—The horse runs.—The cow eats.—The dog barks.—The cat scratches.—The goose swims.—The mouse gnaws.—The sun shines.—The wind blows.—(The) mother sews.—(The) father works.—The painter paints.—The baker bakes.—The tailor sews.—The fisher fishes.—The joiner planes.—The writer writes.—The seamstress sews.—The fire burns.—The water flows.

Lesson VIII.

WHAT THINGS ARE.

The house is a building.—The plane is a tool.—The tulip is a flower.—The pigeon is a bird.—The horse is a (domestic) animal.—The apple is a fruit.—The hunter is a man.—The joiner is a mechanic.—The table is a piece of furniture.

Erstes Lesebuch.

—The eel is a fish.—The pine is a (forest) tree.
—The slate is a utensil.—The oak is a (forest)
tree.—The bible is a book.—The coat is a piece
of clothing.—The hat is a piece of clothing.—
The stove is a utensil.—The lamb is an animal.
—The goose is a bird.—(The) father is a man.
—(The) aunt is a lady.—The pupil is a boy (or
a girl).

THE APPLE.

The apple is a fruit. It is nearly round. Its
stem is short. The peel is smooth. It is red,
green, or yellow. The pulp is white, soft, and
juicy. The seeds are black. The apple has an
eye. Some apples taste sweet, and some taste
sour. I like apples.

Lesson IX.
PLURAL OF NOUNS.

(The) father is kind.—(The) mother is tired.
—The girls are diligent.—The windows are
clean.—The spoons are bright.—The boots are
torn.—The knives are dull.—The buildings are
large.—The daughters are gone out.—The birds
are blue.—The stoves are hot.—The brothers
are sick.—The gardens are small.—The nails
are pointed.

Lesson X.

PLURAL OF NOUNS.

The children play.—The fields are green.—The lights shine.—The calves jump.—The men work.—The worms creep.—The shrubs blossom.—The glasses break.—The nests are small.—The pictures are dear.—The songs are long.—The boards are planed.—The ribbons are red.—The roofs are slanting.—The books are useful.

Lesson XI.

PLURAL OF NOUNS.

The tables are furniture.—The arms are limbs.—The eels are fish.—The dogs are animals.—The stones are round.—The days are short.—The nights are long.—The nuts are fruits.—The mice are small.—The benches are long.—The hands are clean.—The hoofs are hard.—The shoes are torn.—The boats are narrow.—The hats are round.

Lesson XII.

PLURAL OF NOUNS.

The boys are pupils.—The gentlemen are Americans.—The hares are animals.—The

Erstes Lesebuch.

flowers are roses.—The churches are buildings.—The soldiers are Germans.—The nephews are brothers.—The bears are black.—The lions are wild.—The cherries are sweet.—The pens are soft.—The slates are broken.—The eyes see.—The ears hear.—The clocks strike.—The pears ripen.

Lesson XIII.

POSITION OF ADJECTIVES.

a. The horse is useful.—The cat is false.—The dog is faithful.—The sheep is gentle.—The man is blind.—The woman is poor.—The berry is sweet.—The stone is rough.—My uncle is rich.—Your father is kind.—His brother is diligent.—This tree is crooked.—That house is old.—That meadow is green.—This garden is fine.

b. The diligent carpenter works.—The poor woman weeps.—The fresh milk is sweet.—The green apple is sour.—That red cow is old.—This old horse is lame.—That new book is lost.—This good brother is sick.—This white rose is withered.—That red house is small.—The yellow bird sings.—The young farmer plows.—The young lady walks.—The blind man begs.—The little girl plays.

Lesson XIV.

PRONOUNS.

a. Your pen scratches; it is too soft.—This is an apple-tree; it is very old.—The cow is a (domestic) animal; she is very useful.—The mouse is very small, but it has sharp teeth.—My garden is fine, but it is too small.—There is a sparrow; it is looking for its nest.—The earth is not flat; it is round like a ball.—Where is his book? Here it is.—Where is my hat? There it is.—Is the door open? Yes, it is (open). And the window? It is not (open).

b. I learn.—You write.—He works.—You speak.—I read, you go, and he comes.—They sing.—He asks; they answer.—You come and I go.—I weep and he laughs.—You play and they dance.—I write and you draw.—You sing and I listen.—Do you read, Charles? No, I write.—Does he play, Fred? No, he learns.

Lesson XV.

LITTLE EMMA.

Emma goes into the kitchen. The servant is not there. Emma sees a bowl full of plumjam. She takes some of it. Her mother is coming. She scolds the child. Emma is crying. She never does it again.

THE KIND BROTHER.

John has a little sister. She is six years old. Her name is Katie. Katie is sick. John walks to (auf) the field. He gets flowers. John brings the flowers to Katie. How glad she is! John is very kind.

THE FOX.

The fox is like a dog. He is a beast of prey. He lives in a den or a hole. He hides in this den by day. At night he goes to the farm-yard. He is fond of ducks, hens, geese, or lambs. But he eats fruit, mice, and frogs also. When he gets hold of a hen or a duck, he runs home to his den. Some people keep dogs to hunt and kill the fox.

THE FARMER.

Here come the farmer and his servant. The farmer has a whip. The girl carries the sickle. They go to (auf) the meadow. She cuts grass.
The farmer sees the old cow and her calf.

He feeds the calf. Now it is evening. The sun is setting. The farmer and the girl go home.

THE BEE.

A little bee flies to (auf) a flower. The child sees the bee and says: "You are a pretty bee. Tell me why you fly from flower to flower."

"I fly from flower to flower to look for wax and honey."